Paul Stänner

111 Orte im Münsterland, die man gesehen haben muss

emons:

Bibliografische Information der Deutschen Nationalbibliothek
Die Deutsche Nationalbibliothek verzeichnet diese Publikation
in der Deutschen Nationalbibliografie; detaillierte bibliografische
Daten sind im Internet über http://dnb.d-nb.de abrufbar.

© Emons Verlag GmbH
Alle Rechte vorbehalten
Layout: Eva Kraskes, nach einem Konzept
von Lübbeke | Naumann | Thoben
Kartografie: altancicek.design, www.altancicek.de
Druck und Bindung: CPI – Clausen & Bosse, Leck
Printed in Germany 2021
Erstausgabe 2013
ISBN 978-3-7408-1414-4
Aktualisierte Neuauflage Juni 2021

Unser Newsletter informiert Sie
regelmäßig über Neues von emons:
Kostenlos bestellen unter
www.emons-verlag.de

Vorwort

Als der spätere US-Präsident Thomas Jefferson noch Botschafter in Paris war, bereiste er auch Westfalen, um landwirtschaftliche Techniken kennenzulernen. Er ließ sich erklären, wie man Schinken räucherte, äußerte sich in seinem Tagebuch aber nicht über Schnaps und Bier und hat so nur das halbe Münsterland entdeckt. Die andere Hälfte haben wir gefunden, in Schöppingen und Oelde. Der Barockbaumeister Johann Conrad Schlaun verschönerte das Münsterland mit seinen Bauten, wir finden seine Arbeiten in Nordkirchen, in Münster, in Sassenberg und natürlich vor allem im Rüschhaus nahe Münster, in dem die Dichterin Annette von Droste-Hülshoff lebte. Apropos Kunst – fahren Sie durch die Baumberge und halten Sie die Augen offen, man kann Überraschungen am Wegesrand finden.

In Münster finden wir die Wiedertäufer, die das Geld abgeschafft und die Vielweiberei eingeführt haben. Dort gibt es Goethe als Säulenheiligen, einen unweisen Professor und ein Klo der Spitzenklasse.

Aus der Höhe wirkt das Münsterland wie ein Flickenteppich. Äcker, Haine und Wälder mit schweren Laubbäumen bestimmen das Bild. Wiesen und Weiden sind durch Wallhecken oder schmale Baumstreifen voneinander getrennt. In seinen schönsten Partien erweckt es den Eindruck, als sei es von einem anonymen Planer als Englischer Garten konzipiert worden.

Die Region wird geprägt von den weit über 100 Wasserburgen und -schlössern, die zeigen, dass das Münsterland seinen Adel gut versorgt hat. Und seine Pastoren: Kirchen und die allgegenwärtigen, penibel gepflegten und geschmückten Wegekreuze und Bildstöcke sind über das Münsterland so verteilt, als habe der anonyme Planer die gestaltete Natur spirituell aufwerten wollen. In Vorhelm finden wir sogar einen plattdeutsch dichtenden Pastor, der noch lange nach seinem Tod die Empfindungen der Menschen anspricht.

111 Orte stellen das Münsterland vor – und Sie werden leicht erkennen können: Wer immer die sogenannte »Münsterländische Parklandschaft« geplant hat – gut gemacht!

111 Orte

1 Die Haarmühle

Es klappert die Mühle – wie damals

In der Nähe der Grenze zu Holland liegt eine Wassermühle, wie man sie sonst nur in den Illustrationen von Märchenbüchern findet. Ganz grün und irgendwie verwunschen ist der Ort mit den mächtigen Eichen rundum. Der Bach ist durch ein langes Wehr abgeriegelt, das das Wasser der Ahauser Aa über das Mühlrad (Typ: oberschlächtig) leitet. Ein kleiner See ist aufgestaut, an dem Angler stehen, die aber etwas undurchsichtig wirken. An diesem Ort könnte alles Mögliche passieren.

1188 wird die Mühle zum ersten Mal an diesem Standort erwähnt. 1619 wurde sie in ihrer heutigen Gestalt erbaut. Als Korn- und Ölmühle wurde sie durch die Jahrhunderte von verschiedenen Herren betrieben, bis sie 1982 in den Besitz der Stadt Ahaus überging. Die Stadt renovierte und modernisierte. Erhalten blieben die mächtigen Holzarbeiten im Inneren, die sowohl mit den Dachbalken als auch mit der Verzahnung und Verzapfung der Mühlenmechanik hohe Handwerkskunst demonstrieren. Auf zwei Geschossen, mit alten Stiegen, verwinkelt verbundenen Balken und mächtigen Mühlrädern, die flach in den Boden eingelassen sind, ist das Innere der Mühle ein wundervoller Raum, um sich vom Geist der Geschichte umwehen zu lassen. Der Wasserschläger produziert heute Strom. Damit wird die Mühle sicherlich nicht zum entscheidenden Faktor der Energiewende, aber sie leistet einen kleinen Beitrag. Gelegentlich kommt die Mühle sogar noch ihrer angestammten Aufgabe nach und mahlt Mehl.

Gegenüber der historischen Anlage gibt es seit 1930 ein Ausflugslokal, großflächig und großartig, mit einem »Grillplatz mit Vogelschießen«, was schon eine einigermaßen außergewöhnliche Kombination ist. Man ahnt: In den Sommermonaten ist dies kein Ort für Romantiker, die den Märchenzauber einer knarrenden Mühle erleben möchten. Der neblige Spätherbst ist die richtige Jahreszeit für Phantasten, Angler ohne Aussichten und stille Wanderer.

Adresse gegenüber dem Landgasthof »Haarmühle«, Beßlinghook 57, 48683 Ahaus-Alstätte, www.haarmuehle.de | Pkw A 31, Ausfahrt Ahaus, auf L 434 Adenauerring, links auf Hamalandstraße K 17 bis Alstätte, Haaksbergener Straße, Buurser Straße, vor ehemaligem Grenzübergang rechts ab | Tipp Die klassizistische Villa van Delden des ehemaligen Jute-Spinnerei- und Webereibesitzers van Delden in Ahaus ist heute Kulturzentrum und Standesamt.

2 Die Holzschuhfabrik
Klopp klopp

In einer kleinen Fabrikhalle in Wessum steht Werner Uhling an der Bandsäge. Das Ding macht einen Höllenlärm, und so ist Uhling ganz für sich unter seinem Gehörschutz, während er aus rohen Hölzern unterarmlange Stücke trennt. An den Stirnseiten der Hölzer sind Muster vorgezeichnet, und alles, was außerhalb dieser Muster liegt, wird jetzt entfernt. Es bleiben fünfeckige Holzkloben über, die in den folgenden Arbeitsschritten von Maschinen, die nicht weniger Lärm machen als die Säge, zurechtgeschnitten und ausgehöhlt werden.

So entstehen Holzschuhe. Das Geschäft läuft jetzt in der dritten Generation, Werner Uhling ist mit dem Holzschuh groß geworden. Früher trug jeder Bauer Holzschuhe, heute sind es viele Hobbygärtner oder Camper. Man kommt schnell rein und wieder raus, sie nehmen keine Feuchtigkeit auf, man bekommt keine Schweißfüße. Auch in der Industrie werden sie gebraucht: Holzschuhe vertragen eine Hitze von 400 Grad und einen Druck von 1000 Kilogramm, erfüllen also Schutznormen.

Im Holzschuh geht man anders. Weil sich die Sohle nicht durchbiegt, schwingt man den Fuß und setzt ihn plan auf, wie in Wanderstiefeln. Uhling, der in ganz Deutschland liefert, schätzt, dass es noch sechs bis sieben von seiner Zunft gibt, er selbst produziert 8.000 bis 10.000 Paar »Klumpen« im Jahr. Es gibt unterschiedliche Varianten, am komfortabelsten scheinen die westfälischen zu sein, die über dem Spann einen weichen Lederriemen haben, wo bei den holländischen nur Holz drückt. Uhling wirbt mit einem Gedicht: »Halte deinen Fuß gesund / pflege ihn zu jeder Stund' / Trage Holzschuh, der stets gut / zu deinen Füßen passen tut.« Jeder Kritiker erkennt sofort, dass es dem anonymen Dichter geglückt ist, mit artistischer Eleganz für den speziellen Inhalt die angemessene Form zu finden, indem er dem Versfuß Holzschuhe anzog und ihm einen schwerfälligen Gang verlieh.

Adresse Holzschuhfabrikation Werner Uhling, Mühlenweg 37, 48683 Ahaus-Wessum, www.holzschuhe.com | Pkw A 31, Ausfahrt Ahaus, auf L 434 Adenauerring, links auf Hamalandstraße K 17 bis Ortsteil Wessum, rechts in Mühlenstraße | Öffnungszeiten Besichtigung nach Voranmeldung unter Tel. 02561 / 67238, info@holzschuhe.com | Tipp Schloss Ahaus, ein gewaltiges Barock-Ensemble mit einem imponierenden Eingangsportal, liegt auf der 100-Schlösser-Fahrrad-Route. Schon das Portal ist die Reise wert.

3___Die alte Zeche Westfalen
Das tiefste Loch

Sie galt als die tiefste Zeche des Ruhrgebiets, obwohl sie, nördlich der Lippe gelegen, zum Münsterland gehört. Im Juli 2000 wurde die »Zeche Westfalen« dichtgemacht, die Gebäude – bis auf einige historisch wertvolle Anlagen wie zwei Fördertürme oder die spektakuläre Lohnhalle – wurden geschlossen. Zu sehen ist zum Beispiel die sogenannte Schwarzkaue. Hier wuschen sich nach der Arbeit die Bergleute, hängten ihre Arbeitskleidung auf Drahtgestelle und zogen sie hoch unter die Decke.

Weil der Raum so schön hoch ist, wurde hier ein Kletterpark eingerichtet. Man kann die Wand von 22 Metern in den Schwierigkeitsgraden zwei bis zehn bewältigen. Wer weniger mit seinem Körper Eindruck schinden will und sich lieber auf sein Auto verlässt, kann nebenan seinen Sportwagen auftunen lassen. Das Ahlener Zechengelände hat in einer Region, die sonst eher vom Traktor geprägt ist, die wahrscheinlich höchste Dichte an Ferraris, Lamborghinis, Porsches und weiteren Luxuskarossen in ganz Nordrhein-Westfalen.

Die Zechentradition ist aber nicht ganz tot: Schon vor der Stilllegung hatten die ehemaligen Angehörigen der Gruben(feuer)wehr beschlossen, einen Begegnungsort einzurichten. Dort treffen sich die ehemaligen Mitarbeiter, trinken Bier, lassen sich die Haare schneiden und erzählen. Besuchern wird die Arbeit der Grubenwehr mit Hilfe von Atemschutzgeräten, Lampen und Tragen erläutert. In der früheren Trainingsanlage der Grubenwehr kann man seine Leistungsfähigkeit und seine Psyche testen: Die Gänge auf einer Strecke von insgesamt 240 Metern auf drei Etagen sind unterschiedlich hoch, sodass man je nach Situation stehen, knien oder auf dem Bauch robben muss. Der Übungsleiter kann Qualm in den Stollen drücken, sogar offenes Feuer ist möglich. Was ein Einsatz unter Tage bedeutete, erzählen anschließend die früheren Grubenwehrleute gern und ausführlich. Man möchte nicht dabei gewesen sein.

Adresse Glückaufplatz 1, 59229 Ahlen, www.zechewestfalen.de | **Pkw** A 2 Ausfahrt Ahlen, von Osten K 28 Alte Beckumer Straße, links in die Rottmannstraße, links in die Hans-Böckler-Straße, Verlängerung Stapelstraße, dann durch die alte Zecheneinfahrt zum Ziel | **Öffnungszeiten** Informationen gibt der Vorsitzende des Bergbautraditionsvereins Theo Janssen unter theo-janssen@gmx.net, Kletterkurse: info-ahlen@bigwall.de | **Tipp** Der Künstler und ehemalige Bergmann Fritz Winter gründete 1975 zusammen mit seiner Nichte das Fritz-Winter-Haus in den Räumen seines Elternhauses in Ahlen. Die Ausstellungen präsentieren überwiegend ungegenständliche Kunst.

4 Ein Ort der Erinnerung
Ein kleiner Platz mit Baum

Im Januar 1937 heiratet der Pferdehändler Siegmund Spiegel aus Ahlen Marga Rothschild aus Oberaula. Die Spiegels waren seit dem 18. Jahrhundert alteingesessene Ahlener, aber gegen den Rassenwahn der Nazis half es nicht. Im Juni 1938 wurde Siegmund Spiegels Schwiegervater verhaftet, einen Monat später kam er im KZ Sachsenhausen ums Leben. Im November 1938 wurde die Familie Spiegel in Ahlen von fünf SA-Männern überfallen und misshandelt. An anderer Stelle in Ahlen wurde der Tuchhändler Siegmund Spiegel zu Tode gehetzt. Der Pferdehändler Siegmund Spiegel verlor seine Arbeit und musste in Dortmund bei einer Firma in einer »Judenkolonne« arbeiten. Es gelang ihm, ein Fahrrad zu organisieren, um bei Fahrten über Land zu seinen früheren Kunden zusätzliche Lebensmittel zu bekommen.

Im Februar 1941 ging die Familie nach einer Vorladung zur angeblichen Überprüfung der Arbeitspapiere in den Untergrund. 27 Monate, bis zum Kriegsende, wurden die Spiegels von Bauern im Münsterland versteckt, die dabei Haus und Hof, wahrscheinlich auch ihr Leben riskierten. Immer wieder mussten sie ihr Quartier wechseln, aber nie wurden sie verraten. Einer der Gastgeber soll mit ortsüblicher Lakonie gesagt haben: »Wir haben sie als Besuch aufgenommen, und damit war die Sache fertig.« Die fünf Retterfamilien wurden von der Jerusalemer Gedenkstätte Yad Vashem in das Gedächtnis der »Gerechten unter den Völkern« aufgenommen. Die SA-Männer, die sich an den Ahlener Pogromen beteiligt hatten, wurden 1950 amnestiert. 1969 erschienen Marga Spiegels Erinnerungen unter dem Titel »Retter in der Nacht« als Buch, 2009 wurde es als »Unter Bauern – Retter in der Nacht« verfilmt.

Die Gedenktafel am Haus Wilhelmstraße Nummer 14 trägt den Text: »Du sollst nicht morden. In der Reichspogromnacht 10. November 1938 wurde an dieser Stelle der jüdische Mitbürger Siegmund Spiegel durch Nationalsozialisten ermordet.«

DU SOLLST NICHT MORDEN

IN DER REICHSPOGROMNACHT
10. NOVEMBER 1938
WURDE AN DIESER STELLE DER
JÜDISCHE MITBÜRGER
SIEGMUND SPIEGEL
DURCH NATIONALSOZIALISTEN
ERMORDET

Adresse Siegmund-Spiegel-Platz / Wilhelmstraße 14, 59227 Ahlen | **Pkw** A 2 Ausfahrt Ahlen, von Osten K 28 Alte Beckumer Straße, links in die Emanuel-von-Ketteler-Straße, Zeppelinstraße, rechts in Dolberger Straße, Westenmauer, rechts in Wilhelmstraße, Ziel links | **Tipp** Der Traditionshof Schulze Roetering mit Hofcafé und Schnapsbrennerei, erstmals erwähnt 1340, liegt direkt am Weserradweg, gut für eine Pause und Jause.

5 Die Augustin-Wibbelt-Gedenkstätte

Der genervte Frosch

Die Wibbelt-Gedenkstätte ist eine kleine Kapelle auf der Rückseite eines Bauernhofes im Schäringerfeld, einer Bauerschaft am Rande von Vorhelm. Kleine Holzschilder markieren den Weg zur Kapelle. Augustin Wibbelt wurde auf diesem Hof am 19.9.1862 geboren. Wibbelt begann früh zu dichten. Nach seiner Reifeprüfung wurde er Priester und Schriftleiter des »Ludgerusblattes« in Münster. Er promovierte zum Doktor phil. und war als Pfarrer am Niederrhein tätig. Daneben hat er 135 Publikationen verfasst, darunter Romane und Erzählbände, deren Geschichten sich um den Generationenkonflikt, um die Unterschiede ländlicher und städtischer Lebensweise oder die Folgen der Industrialisierung drehten.

Besonders beliebt wurde Wibbelt als Mundartdichter, der die kleinen Begebenheiten und den feinen Humor seiner ländlichen Umgebung in plattdeutsche Verse fasste. Nummer eins in der Wibbelt-Hitparade ist ein Gedicht über das »Pöggsken« (Frosch): »Pöggsken sitt in'n Sunnenschien / Oooh wat is dat Pöggsken fien / Met de gröne Bücks! / Pöggsken denkt an nicks.« Dann kommt jedoch eine Gans (»Gausemann«) und geht dem Frosch mit ihrem Geschnatter gewaltig auf die Nerven, sodass dieser sich mit einem Sprung rettet – »Met de Bücks in't Water«.

Als Wibbelt 1935 nach seiner Pensionierung auf den heimatlichen Hof zurückkehrte, hatte sein Bruder ihm dort schon eine Kapelle errichtet. Drei Jahre nach seinem Tod am 14.9.1947 wurde diese Kapelle, umgeben von einem kleinen Garten, »auf den meine Seele oft mit leisem Heimweh zurückschaut«, seine letzte Ruhestätte. Seinen Grabstein legten Freunde und Verwandte in den Mittelgang vor dem Altar – an jene prominente Stelle, an der in Kathedralen Kardinäle oder Päpste geehrt werden. Der Münsterländer weiß seine Dichter zu würdigen.

Adresse Schäringerfeld 20, 59227 Ahlen-Vorhelm | **Pkw** A 2 Ausfahrt Beckum, Neubeckumer Straße B 475, rechts auf Ennigerstraße K 6, links Richtung Im Eckey abbiegen, links auf Schäringerfeld, rechts, um auf Straße zu bleiben, Ziel rechts | **ÖPNV** Linie 448 RVM, Haltestelle Schäringerfeld | **Tipp** Das Kunstmuseum Ahlen mit wechselnden Ausstellungen in einer eleganten denkmalgeschützten Villa aus der Gründerzeit besteht seit Oktober 1993. Im Nachbarhaus gibt es ein kultiviertes Café mit ruhigem Garten.

6 ___ Die Gnadenkirche

Das dauerhafte Provisorium

Gleich am Ortseingang steht ein Gebäude, an dem man schnell vorbeifahren möchte, weil es aussieht wie ein Schuppen, der nicht mehr lange stehen wird. Es ist aber die Gnadenkirche. In seiner Grundstruktur ist das Münsterland tief katholisch. Nach dem Krieg überschwemmten es Flüchtlingsströme aus den zerstörten Großstädten oder aus den Ostgebieten. Die Neuankömmlinge sprachen nicht nur andere Dialekte, sie hatten auch einen anderen Glauben, und sie waren nicht gern hier. Mussten aber bleiben. Eine Zeit lang behalfen sich die evangelischen Christen damit, dass sie gelegentlich die katholischen Gottesdienste besuchten, aber im Grunde war klar, dass sie ein eigenes Gotteshaus brauchten. Die Abstoßungsreaktionen zwischen den Bevölkerungsteilen, die gezwungenermaßen zusammenleben mussten, waren nicht so schnell zu überwinden.

In jenen Zeiten entwickelte der Architekt Otto Bartning (1883 –1959) ein Notkirchen-Programm, quasi eine Bastelanleitung, die die Trümmerstücke einer zerstörten Kirche nutzte und die fehlenden Teile durch vorfabrizierte Holzbauelemente ersetzte. Nach diesen guten Erfahrungen wurde ein weiteres Programm aufgelegt, für Orte, in denen erst durch den Flüchtlingsstrom neue evangelische Kirchen benötigt wurden. Diese Kapellen von der Stange wurden über einem rechteckigen Grundriss mit den Maßen 11,30 mal 14,47 Meter errichtet. Der Kirchensaal mit 150 bis 160 Sitzplätzen konnte durch Klappwände für unterschiedliche Nutzungen unterteilt werden.

1950 wurde die Kirche in Ascheberg eingeweiht, sie steht unter Denkmalschutz und ist wahrscheinlich die einzige, die noch unverändert den Originalzustand zeigt. Das Provisorium hat sich erhalten, selbst die Glocke in dem kleinen Dachreiter, der den Turm symbolisiert, bimmelt noch tapfer. Inzwischen ist aus dem Gebäude eine dauerhafte Pfarrkirche geworden.

Adresse Hoveloh 1, 59387 Ascheberg | **Pkw** A 1, Abfahrt Ascheberg, Richtung Ascheberg auf der Steinfurter Straße, links ab auf die Davensberger Straße L 844, nach wenigen Metern rechts ab in Haveloh, nach wenigen Metern auf der linken Seite | **Öffnungszeiten** nur auf Nachfrage bei der Evangelischen Kirchengemeinde Ascheberg, Pfarrer Roth, Tel. 02593 / 407 | **Tipp** Schloss Westerwinkel ist eine Wasserburg auf zwei rechteckigen Inseln, malerisch inmitten eines Englischen Gartens gelegen. Echte Lebensqualität für kultivierte Einsiedler.

7 Herrgott von Bentheim

Der zerschossene Triumphator

»Herrgott von Bentheim« soll in früheren Jahrzehnten ein gern ge-
nutztes Stoßgebet gewesen sein, wenn der Münsterländer in der
Klemme steckte oder »sonst wie« nicht weiterwusste. Warum nun
gerade der Gott von Bentheim besonders gut helfen konnte, ist nicht
überliefert. Vielleicht, weil diese Darstellung aus dem 11. Jahrhundert den gekreuzigten Christus nicht als Leidenden, sondern als Triumphator zeigt, der Tod und Teufel überwunden hat. Im Innenhof
der oft umkämpften Burg der Fürsten zu Bentheim und Steinfurt
steht die Statue in erstaunlicher Nähe zur Pulverkammer.

Die Figur mit den auffällig geknickten, segnenden Armen wurde erst 1828 auf einem Acker gefunden. Vermutlich war sie nach der
Reformation von 1588 vergraben worden, denn nach reformierter
Auffassung soll Christus nicht abgebildet werden. So könnte man
das Grab im Acker erklären. Kreuz und Korpus sind aus Bentheimer Sandstein gefertigt, dem sogenannten »Bentheimer Gold«, das
auch beim Königlichen Palais in Amsterdam oder beim Rathaus von
Münster verwendet wurde. Das frühromanische Kunstwerk erlitt ein
wechselvolles Schicksal: Nach dem Fund wurde es zunächst in der
Burg gelagert, dann fand sich 1868 der Standort im Innenhof zwischen Pulverturm und Burgtor. Drei Kriege überstand der Herrgott
schadlos, dann war es vorbei mit seinem Glück. Einschusslöcher zeugen von Schießübungen, die Soldaten nach dem Zweiten Weltkrieg
ausgerechnet auf dieses Kunstwerk veranstaltet haben. Aber es kam
noch schlimmer – ein Unglücksrabe schaffte es, beim Zurücksetzen
mit einem Militärfahrzeug die Figur so zu rammen, dass sie in zwei
Teile zerbrach.

Nach der Restaurierung 1951 stellte man den triumphierenden
Christus an seinem heutigen Standort auf. Er ist eines der ältesten
Zeugnisse des christlichen Glaubens in dieser Region am westlichen
Rand des Münsterlands und hat sich seine ergreifende Aura bis heu-
te erhalten.

Adresse Burg Bentheim, Schloßstraße, 48455 Bad Bentheim, Tel. 02551/93910, www.burg-bentheim.de | Pkw A 30, Ausfahrt Bad Bentheim, Bahnhofstraße L 403 Richtung Innenstadt, rechts in Schloßstraße; A 31, Ausfahrt Bad Bentheim, Ochtruper Straße L 403 Richtung Innenstadt, links in Schloßstraße | Öffnungszeiten ganzjährig 10–18 Uhr (letzter Einlass 17.15 Uhr) | Tipp Das Sandsteinmuseum im Schlosspark versammelt Natursteine aus aller Welt und ist ein wahres Wikipedia der Geologie. Highlight ist ein 1,4 Milliarden Jahre alter indischer Granit.

8__ Otto-Pankok-Museum

Maler auf der Flucht

Viele kennen seinen Schüler Günter Grass, aber seinen künstlerischen Lehrer Otto Pankok kennen wohl nur die Spezialisten. Pankok wurde 1893 in Mülheim an der Ruhr geboren. Nach dem Abitur besuchte er verschiedene Kunsthochschulen, bis er 1914 zum Militärdienst einberufen wurde. Bei einer Grabensprengung wurde er verschüttet und nur durch einen Zufall gerettet. Es folgten jahrelange Aufenthalte in Lazaretten und Krankenhäusern.

Durch seine Kriegserfahrungen, aber auch durch seine Kunst, in der er oft arme, vom Leben gezeichnete Menschen porträtierte, vor allem aber aufgrund seiner Freundschaft mit Sinti (»Zigeunern«, wie sie damals hießen) stand er in einem Spannungsverhältnis zu den Nazis. Er mochte sie nicht, sie hassten ihn. Etliche seiner Arbeiten wurden in Ausstellungen als »Entartete Kunst« präsentiert.

Pankok, der immer schon gern an der Peripherie gelebt hatte, zog sich 1936 nach Gildehaus zurück, heute ein Ortsteil von Bad Bentheim, um den Braunen aus dem Weg zu gehen. Eigentlich war er mit einem Arbeitsverbot belegt, aber er schaffte es, heimlich sein Werk fortzusetzen. In seinem »Exil« nahe den Ausläufern des Teutoburger Waldes entstanden circa 100 seiner typischen großformatigen Kreidezeichnungen. Die Kirche, die Windmühlen und das Moorgebiet des Gildehauser Venns waren bevorzugte Themen. Nach dem Krieg wurde Pankok Professor an der Kunstakademie in Düsseldorf, er verstarb 1966.

Das Otto-Pankok-Museum, das an seine Monate auf der Flucht in Gildehaus (Prädikat »Perle der Grafschaft«) erinnert, ist seit 1996 im denkmalgeschützten »Alten Rathaus« von 1656 untergebracht. Der Verein »Otto-Pankok-Gildehaus« sorgt für regelmäßige Ausstellungen von Werken des Malers, Grafikers und Holzschneiders, aber auch anderer Künstler aus dem thematischen oder künstlerischen Umfeld Pankoks – von Heinrich Zille bis Günter Grass. Grass ehrte seinen Lehrer mit einem Butt vor der Tür.

Adresse Neuer Weg 5, 48455 Bad Bentheim-Gildehaus, Tel. 05924 / 6128 | **Pkw** A 30, Ausfahrt Bad Bentheim, Bahnhofstraße L 403 Richtung Innenstadt, rechts in Südstraße; oder A 31, Ausfahrt Bad Bentheim, Ochtruper Straße L 403 Richtung Innenstadt, links in Südstraße Richtung Westen, Hengeloer Straße L 39, links in Neuer Weg | **Öffnungszeiten** Mi 15–17 Uhr, Sa 14–17 Uhr, So 14–17 Uhr | **Tipp** Eine Wanderung durch den Ort zur Skulptur »Kuhlkerl« – sie erinnert an die Arbeiter, die in den »Kuhlen« den Bentheimer Sandstein brachen.

9__Aktivpark Phoenix
Phoenix erhebt sich aus Zementstaub

Im 19. Jahrhundert veränderte Beckum sein Gesicht. Die bisherige Nutzung der Natur durch die Landwirtschaft wurde erweitert durch den industriellen Abbau von Bodenmaterialien, und aus der wohlhabenden Ackerbürgerstadt wurde eine Industriestadt. Um 1915 zählte man hier dreißig Zementwerke, die Region um Beckum war eines der größten Zementreviere weltweit.

Inzwischen haben Stadt und Umland erneut ihr Gesicht verändert. Aufgegebene Abbauflächen wurden renaturiert und werden zum Teil als Freizeitanlage, zum Teil als Naturschutzbereiche für seltene Pflanzen und Tiere genutzt. Ein Steinbruch wurde zu einem See von 40.000 Quadratmetern geflutet und seine Umgebung zum Aktivpark Phoenix ausgebaut. Für Kinder gibt es Wasser-Sand-Holz-Matschbereiche, die Riesenrutsche und weitere Spielplätze. Für die Älteren stehen Beach-Volleyball- und Badmintonfelder zur Verfügung und für Münsterländer mit Höhendrang eine Kletteranlage des Deutschen Alpenvereins mit einer Gesamtfläche von 760 Quadratmetern. Nicht zu beklettern ist eine Steilwand, die erhalten wurde, um die geologischen Schichtungen der Beckumer Kalksteinvorkommen zu zeigen, denen Wirtschaft und Kommune viel Geld verdanken. Gesetztere Gemüter vergnügen sich beim Minigolf oder schauen den Booten eines Schiffsmodellclubs beim Umrunden der Enten zu. Eine schwimmende Insel im See dient als Bühne für Theateraufführungen. Es gibt einen ausgedehnten Spazierweg mit Stadtparkanmutung für die, die das Naturerlebnis auf geschotterten Bahnen vorziehen – für jedes Bedürfnis wurde eine Fläche gestaltet.

Die Nutzung des Geländes für die Freizeitgestaltung ist heute genauso effizient organisiert wie früher für die Industrie. An sie erinnert der Themenradweg »Zementroute« auf seinen 27 Kilometern Länge, der zu Stätten früherer und gegenwärtiger Zementproduktion führt. Der Einstieg zur Route ist am Bahnhof in Neubeckum.

Adresse 59269 Beckum | **Pkw** A 2, Ausfahrt Beckum, Neubeckumer Straße L 475, links in Zementstraße. Nach circa 1,2 Kilometern links in die Straße »Am Kollenbach«, dann der Ausschilderung »Parkplatz Phoenix« folgen. | **Öffnungszeiten** frei zugänglich | **Tipp** Im Stiefel-Jürgens, der ältesten Brauerei Westfalens, wird seit dem Jahr 1500 Bier gebraut. Einzig der Dreißigjährige Krieg konnte das Brauen kurzzeitig unterbrechen.

10 Der jüdische Friedhof

Ein Platz auf ewig

Der jüdische Friedhof ist ein langer, nicht sehr breiter Streifen, der sich von der Straße weg entlang des schmalen Bächleins der Berkel zieht. Man öffnet an der Straße ein Tor und betritt einen sauberen, geordneten Bereich mit kurz gehaltenem Rasen, es geht einige Stufen hinab – und bleibt erschrocken vor zwei durchbrochenen Grabsteinen mit einem Foto von kleinen Kindern stehen.

Die Skulptur erinnert an das Geschwisterpaar Rolf-Dieter und Eva Eichenwald, die vermutlich 1943 ermordet wurden – gerade einmal fünf und sechs Jahre alt. Es gibt kein Grab für sie, nur dieses Mahnmal.

Nach wenigen Metern endet der vorgegebene Weg, und man gerät in den alten Teil des Friedhofs, wo das Gras wuchert und sich unter den alten Bäumen Bodenkriecher ausbreiten. Auf der einen Seite die schmale Berkel, auf der anderen eine hohe Hecke, die den Friedhof gegen eine Wiese abgrenzt, umfangen den Besucher hier die Ruhe und der Zauber einer in sich ruhenden, abgeschlossenen Welt. Die alten moosgrünen Grabsteine erzählen von einer gewachsenen jüdischen Kultur in Billerbeck, einige von ihnen sind aus Sandstein und dementsprechend stark verwittert. In der Nazizeit verwilderte der Friedhof und wurde auch später noch mehrmals geschändet.

In den vergangenen Jahren hat sich zunächst ein Verein, dann die Wolfgang-Suwelack-Stiftung um diesen Friedhof gekümmert. Nach dem Entwurf des Billerbecker Künstlers Professor Jörg Heydemann wurde das Gelände in einer Weise neu gestaltet, die den Besucher gleichsam dazu verführt, immer tiefer in den Friedhof vorzudringen und damit auch immer tiefer in die Geschichte der jüdischen Gemeinde des Ortes. Kehrt man nach einiger Zeit auf dem Weg zurück, auf dem man den Friedhof betreten hat, zurück aus dem Verwunschenen in das Geordnete und auf die Straße, braucht man einige Zeit, um sich wieder in dem Lärm zurechtzufinden.

Bernhard B.
geb. 16. Jan.
gest. 25. A...

Adresse 48727 Billerbeck | **Pkw** Hagen L 581 Richtung Gerleve, hinter der Kreuzung Osterwicker Straße, kurz hinter dem Ortsausgang auf der rechten Seite | **Öffnungszeiten** Der Friedhof ist immer offen. | **Tipp** Das ehemalige Kriegerdenkmal, das von den Künstlern Winter/Hörbelt zu einer Kapelle der Friedfertigkeit umgedeutet wurde, liegt im Ortskern, gegenüber dem Ludgerusdom.

11 Das Kloster Gerleve

Einkehr unter Gottes Augen

Man sieht sie schon von Weitem: Die Kirchtürme, zwei massige Blöcke aus Felsgestein, lassen das Kloster aussehen, als habe es hier schon seit Jahrhunderten den meteorologischen und spirituellen Stürmen getrotzt. Vielleicht haben die Benediktinermönche genau an diese Schutzfunktion gedacht, als sie 1901 den Grundstein für das Kloster Gerleve legten. Gerleve, etwas außerhalb von Coesfeld, wird im Regionaldialekt gern »Cherlewe« ausgesprochen, mit gekeuchtem »ch« statt des »g«; wie in dem bekannten Ausruf »O Chott, mein Chott!«.

In einer eher linken Tageszeitung war ein erstaunlicher Erfahrungsbericht zu lesen von einem, der zur Einkehr in das Kloster gegangen war. In dem Artikel hieß es, Gerleve (»Cherlewe«) sei wie ein Uterus, der schütze und nähre. Für diesen sichernden Eindruck sorgen die massiven Mauern, obwohl der Klosterkomplex sehr weitläufig ist und das Gesamtbild von ausgedehnten Rasenflächen und langen, baumreichen Alleen aufgelockert wird.

Gerleve (»Cherl …«) ist ein Kloster und zugleich ein Wirtschaftsbetrieb. Es unterhält ein Seminarhaus für Erwachsene, eine Jugendbildungsstätte und eine Buchhandlung, die Mönche organisieren Vortragsreihen und Konzerte, was schon für ein wenig Trubel sorgt. Gäste können sich einmieten und zur Ruhe kommen, so wie es dem Autor der linken Tageszeitung offenbar gelungen ist. Wahrscheinlich muss man dafür nicht einmal an Gott glauben. Andererseits: Der unsichere Besucher betritt probeweise einige Gebäude und findet eine Innenarchitektur aus unterkühlten Räumen, abgestandener Luft und keimfreien Resopalmöbeln, die signalisieren, dass wir alle nur Gast sind auf Erden und es uns nicht zu heimelig machen sollen. Die äußere Unwirtlichkeit mag den Rückzug ins Innere unterstützen, aber sie muss einem auch gefallen. Für »Cherlewe« muss man besonders gestimmt sein, sonst funktioniert es nicht mit dem Uterus.

Adresse Benediktinerabtei Gerleve, Gerleve 1, 48727 Billerbeck, Tel. 02541 / 800166, www.abtei-gerleve.de | **Pkw** A 31 Ausfahrt Gescher, Coesfeld, L 525 nach Osten, an Coesfeld vorbei, dann links in Bergstiege, Ziel auf der rechten Seite | **ÖPNV** Anfahrt mit der Bahn bis Coesfeld, dann Taxi (10 Kilometer) oder Bus 587, 689, Haltestelle Kloster | **Öffnungszeiten** bitte telefonisch erfragen | **Tipp** Es lohnt, sich die Zeit zu nehmen für einen ausgedehnten Spaziergang um das Kloster – in ruhiger, fast spiritueller Landschaft.

12 Die Kolvenburg

Massive Mauern für die Kunst

Die Kolvenburg ist eine alte Wehranlage, die im Verlauf ihrer Geschichte seit dem 13. Jahrhundert schon oft umgebaut und erweitert wurde. Heute ist die Wehrmauer verschwunden. Das Haus lädt den Besucher ein, es zu betreten. Die Rasenfläche vor der Hauswand senkt sich um kaum einen Meter und verwandelt so den ehemaligen Burggraben in eine gartengestalterische Raffinesse. Eine schmale Brücke gewährt Zugang zum Portal.

In den 1950er Jahren noch eine vermodernde Ruine, wurde die Burg in den 1960ern renoviert zu einer sehr eigenen Erscheinung aus Backsteinen und Baumberger Sandstein. Sie hat gewaltige Kamine, unregelmäßige Wandflächen mit blinden Fenstern und zugige Austritte auf frühere Abtritte – die Altvordern pflegten sich in ungemütlichen Kabäuschen an der Außenmauer in den Wassergraben zu erleichtern. Heute sind die Toiletten im Kellergeschoss, denn die Kolvenburg ist zusammen mit Burg Vischering in Lüdinghausen eine Kulturfestung des Kreises Coesfeld. Hier hingen schon Beuys und Immendorff, Dürer und Dalí.

Das Haus selbst hat, anders als herkömmliche Museen mit ihren glatten weißen Wänden, einen großen Einfluss auf das Gezeigte durch die spezielle Ästhetik aus schmuckloser Nacktheit und Offenheit. Ausstellungen funktionieren hier nur im Zusammenspiel von Kunst und Gebäude. Außer der bildenden Kunst bietet die Kolvenburg auch Konzerte. Vor allem Jazz wird in dem besonderen Ambiente geboten, das einerseits durch die Akustik der Räume und andererseits durch die wohnzimmerartige Nähe, in der Musiker und Publikum aufeinandertreffen, entsteht. Die Philosophie der Macher lautet, man müsse versuchen, hochkarätige Kultur zu präsentieren, denn auch die Provinz will belebt werden. Neben der Ex-Burg liegen zwei Schulen, aber trotzdem ist sie nicht durch Graffiti verunziert – wie es scheint, herrscht in Billerbeck noch Respekt vor dem Überkommenen.

Adresse An der Kolvenburg 3, 48727 Billerbeck, Tel. 02543/1540, www.kolvenburg.de |
Pkw A 31 Ausfahrt Gescher/Coesfeld, L 525 Richtung Osten, links auf L 580 Richtung
Billerbeck, rechts Am Wüllen, durch bis An der Kolvenburg | **Öffnungszeiten** April–Okt.
Di–Sa 13–18 Uhr, So, Feiertage 10–13 Uhr, 13.30–17.30 Uhr | **Tipp** Haus Beckebans
im Stadtzentrum prunkt mit einer spektakulären Renaissancefassade, der Bürger schmückt
sich als Edelmann.

13_ Landhaus am Dahlberg

Schöne schlanke Pferde

»Wenn man Pferde hat, möchte man sie am liebsten im Wohnzimmer haben«, sagt Lucia A. Yuen. Ihre stehen zwar auf der Weide, aber bis dorthin sind es wirklich nur ein paar Schritte vom Wohnzimmer. Das Ehepaar Yuen war lange in der Gastronomie tätig, leitete ein Restaurant und dann in Coesfeld ein Hotel. Aber immer gab es diesen Wunsch, das Pferd ganz in der Nähe zu haben. 1993 haben sie am Dahlberg über Coesfeld einen 250 Jahre alten Kotten, einen kleinen Fachwerkhof, gefunden. Das Entscheidende bei der Wahl des Hauses war: Zu dem Kotten gehörten eine Wiese und ein Pferdestall. Vier Jahre lang wurde renoviert und liebevoll restauriert. Heute glimmt gleich im Eingangsbereich ein Feuer im offenen Kamin – das Motiv auf der Kaminplatte ist natürlich ein Pferd.

Anfang der 90er Jahre kamen die ersten Berber-Pferde nach Deutschland. Damals wusste noch niemand so genau, wie gut die Tiere aus dem Mittelmeerraum mit dem münsterländischen Regen zurechtkommen würden. Normalerweise sind die Pferde hier größer, kräftiger und auch massiger, was gelegentlich ihre Führung erschwert (zusätzlich zur ohnehin regionaltypischen Dickschädeligkeit). Die eleganten Berber dagegen gelten als sehr menschenbezogene Pferde, mit denen man leicht umgehen kann. Im Scherz wird gesagt, sie seien die einzigen Hunde, die man auch reiten könne.

Schnell stellte sich heraus, dass die Berber sehr gut mit dem Klima im Münsterland zurechtkamen. Frau Yuen eröffnete eine eigene Zucht, mit zwei bis drei Fohlen im Jahr. Weil sie ihrem alten Gewerbe ein bisschen treu geblieben ist und im alten Backhaus noch ein Zimmer für Fremde hergerichtet hat, kann man – als Reiter, Radfahrer oder »normaler« Tourist – am Dahlberg auch übernachten. Mit einem sehr schönen Effekt: Man wacht morgens auf, blickt aus dem Fenster und sieht die drei Berber so nah vor sich, als wären sie im Wohnzimmer. Was eine faszinierende Wirkung auslöst. Man wird ruhig, sehr entspannt und beschließt, erst später aufzustehen.

Adresse Lucia A. Yuen, Westhellen 14, 48727 Billerbeck, Tel. 02543 / 4925, www.bedandbreakfast-billerbeck.de | **Pkw** A 31 Coesfeld, auf der L 525 an Coesfeld vorbei Richtung Nottuln, vor Kloster Gerleve links in Bergstiege, die Verlängerung ist Westhellen | **Tipp** Die Stifterin des Glasmuseums Lilly Ernsting hat im Laufe von über 30 Jahren eine zunächst private Sammlung mit Glasobjekten aufgebaut. 1996 wurde das Museum eröffnet, ein geschmackvoll moderner Bau mit wechselnden Ausstellungen zur europäischen Glaskunst.

14__ Gemüsegarten im Museum
Die Olle im Garten

So lange ist das alles noch nicht her – bis in die 1960er Jahre gab es in den Arbeitersiedlungen der Zechen, Stahl- oder Textilwerke den Arbeitergarten hinter dem Häuschen. Weil der Lohn meist nicht ausreichte, mussten die Arbeiter noch zusätzlich für den Eigenbedarf Gemüse anbauen: Kartoffeln, Spinat, Stielmus, Mangold, Kohl, auch Kräuter wie Pfefferminze und Rosmarin. Und in einer kleinen Stallung neben dem Außenklo hielt man Kaninchen und Hühner. Dahinter steckte wirtschaftliches Kalkül der Fabrikherren, denn so musste den Arbeitern weniger Lohn bezahlt werden, weil sie sich (zu Teilen) selbst versorgen konnten. Außerdem hielt diese Form von »Grundbesitz« die Beschäftigten am Betrieb, während »Besitzlose« sich eher mal an anderen Orten umsehen mochten.

Im TextilWerk Bocholt bewirtschaften Mitarbeiter des Industriemuseums einen solchen Arbeitergarten wie zu den aktiven Zeiten der Textilindustrie. In den Beeten gedeihen Gemüsesorten wie Bohnen und Kürbis, die im Herbst geerntet werden, und im Stall gackern die Hühner. Ihre Eier kommen zum Beispiel in die Pfanne, wenn Ferienkinder sich in der Arbeiterküche mit »goldenen Schnitten« stärken.

Die Gartenarbeit war Frauensache. »Darfs nie mehr Land haben, wie deine Olle umgraben kann«, lautete ein Ratschlag. Dies änderte sich erst mit dem Achtstundentag 1919 und der Einführung der Fünftagewoche 1956.

Der Arbeitergarten ist ein wachsendes Museum, es wird gepflanzt und geerntet. Die Besucher können nacherleben, wie in noch nicht so lange vergangenen Zeiten der Supermarkt im eigenen Garten lag – in vielen Industrielandschaften war das so bis in die 60er Jahre des vorigen Jahrhunderts. Dann stiegen einerseits die Löhne, die Arbeitszeiten wurden kürzer, andererseits setzte das Zechensterben ein, und auch die Textilindustrie ging unter. Und auch eine eigene Lebensweise.

Adresse LWL-Industriemuseum TextilWerk Bocholt, Uhlandstraße 50, 46397 Bocholt, Tel. 02871 / 216110, www.lwl-industriemuseum.de | **Pkw** A 31, Ausfahrt Borken, auf der L 67 nach Westen, rechts in die Franzstraße, Im Königsesch, rechts in Mühlenweg und Uhlandstraße | **Öffnungszeiten** Di – So 10 – 18 Uhr (letzter Einlass 17.30 Uhr) | **Tipp** Das Ravardi-Viertel ist die Vergnügungsmeile von Bocholt. Besonders belebt am 24.12. morgens, dem »Unheiligen Morgen«, einer Kultveranstaltung. Man trifft sich in der Ravardistraße, sieht endlich alte Bekannte wieder und trinkt reichlich.

15 Das Textilmuseum
Das alte Garn

In den 1980er Jahren ging die Sache den Bach runter. Mehr als 100 Jahre lang hatte Bocholt zu den wichtigsten Standorten der deutschen Textilindustrie gehört. Dann kam die Globalisierung, reihenweise wurden im Münsterland die Fabriken stillgelegt. Nur eine wurde gebaut: 1984 errichtete das LWL-Industriemuseum eine neue Fabrik mit dem typischen sägezahnförmigen Sheddach. Einige Bauelemente dafür kamen aus abgerissenen Werken.

Ein Kesselhaus und eine Dampfmaschine von 1917 vervollständigten die Anlage zusammen mit den Transmissionsriemen unter dem Fabrikdach, die die Kraft vom Kessel auf die Maschinen übertrugen. 32 davon wurden aufgestellt, und die Weberei nahm ihren Betrieb auf.

Ein Dunst aus Öl und Staub hängt in der Luft, und es ist ohrenbetäubend laut. So wie vor 100 Jahren, als hier noch Tausende Menschen malochten. Das Museum ist ein arbeitender Betrieb, in dem Handtücher und Tischdecken einer historischen Kollektion hergestellt werden. Es ist ein »Vormachmuseum«, das einen authentischen Eindruck von der Arbeitswelt der Textilbranche liefert – mit dem Unterschied, dass der heutige Besucher sich dem Krach entziehen kann, wann er will. Dann geht er zum Beispiel in die Werkstatt mit den Werkbänken und Werkzeugen für die Wartung der Maschinen, oder er wechselt hinüber ins Kontor, das Büro – nach dem Lärm und Dreck der Werkshalle ein kleines Idyll. Wer will, kann am Handwebstuhl versuchen, ob er es selbst schafft, ein Tuch herzustellen.

In einem zweiten Standort, der ehemaligen Spinnerei Herding, wo früher mit 20.000 Spindeln Garn produziert wurde, ist in den leer geräumten Hallen ein Kulturzentrum untergebracht. Hier wird in Sonderausstellungen gezeigt, wie »die Mode in den Stoff« kam. Man steht vor den schönen Dingen, aber man kann den Gedanken daran nicht abschütteln, aus welch harter Arbeit sie entstanden sind.

Adresse Textilmuseum Bocholt, Uhlandstraße 50, 46397 Bocholt, Tel. 02871 / 216110, www.lwl-industriemuseum.de | **Pkw** A 31, Ausfahrt Borken, auf der L 67 nach Westen, rechts in die Franzstraße, Im Königsesch, rechts in Mühlenweg und Uhlandstraße | **Öffnungszeiten** Di–So 10–18 Uhr, letzter Einlass 17.30 Uhr | **Tipp** Das Historische Rathaus der Stadt Bocholt ist das Wahrzeichen der Stadt. Seit die Stadtverwaltung 1977 in das »Neue Rathaus« umgezogen ist, hat es hauptsächlich repräsentative Funktion.

16_ Josef-Bresser-Sternwarte
Sternengucker

Das Ding sieht aus der Ferne aus wie ein Tisch mit einer Apfelsine darauf – die Sternwarte in Borken. Sie liegt ein wenig außerhalb der Stadt in einer landwirtschaftlich genutzten Umgebung, also geschützt vor den Lichtern der Stadt. Die Adresse klingt zutiefst westfälisch: Ant Kruse Bömken (Am krausen Bäumchen). Von Weitem sieht man die vier Säulen mit der aufliegenden Platte, daneben das weiße Treppenhaus. Auf einer Säule, die von dem restlichen Gebäude unabhängig und somit erschütterungsfrei ist, ruht die typische Sternenbeobachterkuppel. Sie kann um 360 Grad gedreht und somit in jede beliebige Himmelsrichtung positioniert werden. Per Hand oder per Elektromotor wird ein Überkopf-Schiebetor geöffnet und gibt einen 900 Millimeter breiten Aussichtsspalt frei. Von innen sind die Alubleche mit schwarzem Filz beklebt, der verhindert, dass das Streulicht reflektiert, was für astronomische Beobachtungen sehr nachteilig wäre.

Herzstück der Sternwarte ist ein computergesteuertes Teleskop, das 3364-mal so viel Licht wie das menschliche Auge aufnimmt. Man steht in diesem glanzlos dunklen Raum, die Sternenpforte öffnet sich, und wenn die Götter den Irdischen wohlgesonnen sind, lassen sie sie tief in ihre Gefilde blicken – mit 800-facher Vergrößerung. Sterne, farbige Doppelsterne, Sternhaufen sowie aus Gasen bestehende Nebel werden sichtbar.

2002 gründete sich der Verein Sternfreunde Borken e.V., der die Sternwarte betreibt, die wiederum von Rolf Bresser gegründet und finanziert wurde. Bresser, die optische Firma Meade und die Stadt Borken bildeten eine Konstellation, die den Traum des Vereins von einer Sternwarte Wirklichkeit werden ließ. Woraus man lernt, dass In-die-Sterne-gucken und Sich-was-wünschen immer noch hilft – im Leben wie im Märchen. Nachtschwärmer können sich den münsterländischen Himmel erklären lassen und neue Perspektiven entdecken.

Adresse Ant Kruse Bömken 21, 46325 Borken, www.josef-bresser-sternwarte.de | **Pkw** Von der A 31 (Ausfahrt Borken) über die B 67, von der A 3 über die Ausfahrten Hünxe, Wesel/ Schermbeck oder Rees/Bocholt, der Park liegt an der Bocholter Straße L 581 zwischen Borken und Rhede/Bocholt, dann rechts in Pröbstinger Allee, weiter in Vardingholter Straße K 3, rechts in Ant Kruse Bömken | **Öffnungszeiten** genaue Zeiten für das Beobachtungsprogramm auf www.astroborken.org | **Tipp** Burg Gemen, 900 Jahre alt, ist die Jugendbildungsstätte des Bistums Münster. Besichtigungen sind nur von außen möglich.

17__ Der Planetenweg

Die zu den Sternen latschen

Sterne nachts zu beobachten, hat den Vorteil, dass man sie wirklich sieht, hat aber auch den Nachteil, dass man zu einer biologisch ungünstigen Tageszeit hellwach sein muss. In Borken kann der Sternenfreund den Wanderfreund in sich entdecken und den Sternen nachlaufen. Er tut dies im Freizeitpark Pröbsting, der benannt ist nach dem Wasserschloss Haus Pröbsting, das bereits 1221 erstmals erwähnt wurde. Das Schloss besteht noch immer, beherbergt aber eine Privatklinik, sodass nur der Innenhof besichtigt werden kann.

Der Park prunkt mit einem Stausee und einem Badesee nebst Liegewiese, dazu kommen ein Bootsverleih und andere herkömmliche Angebote für die Freizeit. Schon allein das lohnt bei gutem Wetter den Weg. Das Besondere aber ist, dass man auf einem etwas mehr als sechs Kilometer langen Weg die Seen umrunden und entlang der Bocholter Aa das Universum ergründen kann. Der Weg der Gestirne beginnt mit der Sonne, die ihren Standort am Parkplatz Pröstinger Allee hat. Dann folgen in maßstabgetreuen Abständen die Planeten Merkur, Venus, Erde und Mars. Das geht fix. Jupiter und Saturn liegen schon weiter auseinander. Von Saturn eilt man in Zwei-Kilometer-Etappen über Uranus und Neptun durch den Kosmos bis zu Pluto.

An jeder Sternenstation gibt es Informationen zu den Himmelskörpern. Wer sich im normalen, nicht gehetzten, irdischen Spaziergängerschritt bewegt, kann also in circa eineinhalb Stunden den Bogen schlagen von der Sonne bis zu Pluto. Da es unterwegs ausreichend Gelegenheit gibt, sich mit Essen und Trinken zu versorgen, sollte dem Sternenreisenden der Weg nicht zu beschwerlich werden. Und wenn doch, dann ist da immer noch die suborbitale Liegewiese. Am Ende ist er an der Sternwarte Borken angekommen und kann sich überlegen, ob der Blick in einen überwältigenden Himmel voller Sterne es nicht doch wert wäre, eine biologisch ungünstige Nachtschicht einzulegen.

Adresse um den Pröbsting-See, 46325 Borken, www.planetenweg-borken.de | **Pkw**
Von der A 31 (Ausfahrt Borken) über die B 67, von der A 3 über die Ausfahrten Hünxe,
Wesel / Schermbeck oder Rees / Bocholt; der Freizeitpark liegt an der Bocholter Straße
L 581 zwischen Borken und Rhede / Bocholt, dann rechts in Pröbstinger Allee, dort
Parkplatz | **Öffnungszeiten** Führungen nach Vereinbarung möglich, Eckhardt Bolick,
Tel. 02861 / 603269 | **Tipp** Der Tiergarten Schloss Raesfeld ist ein nach einer alten Karte
im Stil der Renaissance rekultivierter Tiergarten mit ausgedehnten Wanderwegen.

18__ Die Freilichtbühne

Tanz unter Eichen

Das Münsterland erscheint zu Zeiten wie ein Regenloch. Deswegen ist es hier äußerst wichtig, dass ein Freilichttheater überdacht ist – zumindest der Zuschauerraum. Die Freilichtbühne Coesfeld hat darüber hinaus den Vorteil, dass auch die Spielfläche geschützt ist, nämlich von den großen Eichen, die sich über den Spielboden wölben. Die Bäume haben die älteren Rechte, weil die Bühne im Garten von Lehrer Rüter aufgebaut wurde.

Rüter hatte nach dem Zweiten Weltkrieg damit begonnen, mit seinen Schülern Theaterstücke zu inszenieren. Die Sache wurde populär, weitete sich aus, und als die Wohnung nicht mehr reichte, wurde im Garten ein Freilichttheater improvisiert. Aus diesen Anfängen wuchs nach und nach eine Bühne mit 650 Sitzplätzen und einem halb professionellen Anspruch. Anfang der 70er Jahre wurde eine eigene Tanzschule gegründet, wenige Jahre später ein Chor. Coesfeld bildet seinen Nachwuchs selbst aus.

Die Bühne hat sich auf Musicals spezialisiert: Anatevka, Linie 1, West Side Story – die Schlager des Genres kommen hier auf die Bühne unter den Eichen. Der Theaterbetrieb fordert den Akteuren einiges ab. Im Regelfall beginnen die Proben Mitte Januar, dann gibt es bis in den September hinein kaum noch ein freies Wochenende. Die Beteiligten erzählen davon, dass der Probenstress neben der eigenen Disziplin auch die Teamfähigkeit fördere. Natürlich gehört auch Ausdauer dazu, wenn über Monate hinweg die Inszenierungen entwickelt werden.

Offensichtlich mit großem Erfolg, denn als 2010 zum ersten Mal der Preis »amarena« des Bundes Deutscher Amateurtheater (BDAT) verliehen wurde, gewann Coesfeld mit »Vanity Fair« den ersten Preis gegen eine Konkurrenz von 260 Mitbewerbern. Mit einem Repertoire von einem oder zwei Stücken erreicht der Verein Freilichtbühne Coesfeld e. V. ungefähr 20.000 Zuschauer im Jahr, bei Regen und Sonnenschein.

Adresse Flamschen 22, 48653 Coesfeld, Tel. 02541/3355, www.freilichtbuehne-coesfeld.de | **Pkw** A 31, Ausfahrt Gescher/Coesfeld, auf der L 525, rechts in L 581 Rekener Straße, bis zum Hinweisschild auf der linken Seite | **Tipp** Die untypisch massiv gebaute Bischofsmühle liegt am Honigbach an der Straße nach Gerleve, einen guten Kilometer südöstlich außerhalb der Stadtwälle des mittelalterlichen Coesfeld.

19__Das Geburtshaus der Anna Katharina Emmerick

Kunst statt Abbruch

Folgt man in der Bauerschaft Flamschen dem Hinweisschild und biegt rechts auf den Emmerickweg ab, so kommt man nach wenigen hundert Metern an ein kleines Fachwerkhaus. In diesem Kotten wurde am 8. September 1774 Anna Katharina Emmerick geboren. Sie war das fünfte von neun Kindern, ihre Eltern waren arme Kötter. Nichts berechtigte zu der Annahme, Anna Katharina würde einmal eine zumindest regionale Berühmtheit erlangen. Sie wurde im nur wenige Kilometer entfernten Kloster Dülmen Nonne.

Ab dem Jahr 1812 war sie stigmatisiert, das heißt, an ihrem Körper zeichneten sich die Wundmale Christi ab. Zwölf Jahre lang litt sie unter Visionen. Gläubige waren verzückt, die aufgeklärte Wissenschaft war skeptisch. Eine kirchliche Untersuchung erbrachte das Urteil: »Die Wunden bluten von selber, ohne menschliches Zutun, und die Stigmatisierte lebt in beinahe völliger Nahrungslosigkeit.« Eine staatliche Untersuchung urteilte, dass sie »hysterisch überspannt« sei, fand aber keinerlei Hinweise auf Betrügereien. Der große Hype setzte ein, als der berühmte Schriftsteller der Romantik Clemens Brentano das »Dülmener Nönnken« für sich entdeckte. Brentano, auf seine Art ein religiöser Eiferer, sah in Anna Katharina die Verkörperung seiner romantischen Sehnsüchte. Er war besessen und völlig ohne Rücksichtnahme. Er ließ sich sogar nachts mit ihr einschließen, um alles zu protokollieren, was sie bei klarem Verstand und in ihren Visionen sagte.

1824 starb Anna Katharina. Brentano verließ Dülmen mit 16.000 beschriebenen Seiten, um den Rest seines Lebens damit zu verbringen, diese Notizen zu verarbeiten. Am 3. Oktober 2004 wurde Anna Katharina durch Papst Johannes Paul II. seliggesprochen. Dominik Graf hat 2007 einen Film über sie gemacht unter dem Titel »Das Gelübde«.

Adresse Emmerickweg 20, 48653 Coesfeld | **Pkw** A 31, Ausfahrt Gescher / Coesfeld, auf der L 525, rechts in L 581 Rekener Straße, dann 2. Straße, rechts in Emmerickweg | **Öffnungszeiten** Den Hofraum zu betreten und eine Außenbesichtigung sind jederzeit möglich, eine Innenbesichtigung nur nach Anmeldung bei Familie Steens, Tel. 02541 / 4461 | **Tipp** Die Ludgerusburg ist eine geschleifte sternförmige Zitadelle im Norden Coesfelds, deren Bau und Zerstörung in die zweite Hälfte des 17. Jahrhunderts fielen. Der Anna-Katharina-Weg (Pilgerweg) verbindet als Rad- und Wanderweg die Lebensorte in Coesfeld, Flamschen und Dülmen.

20__ Der Hochzeitswald
Zwei Ringe und eine Wurzel

Seit einigen Jahren wachsen in Deutschland immer mehr Friedwäl-
der, in denen man sich bestatten lassen kann. Auf der anderen Seite
ist die Gewohnheit, bei der Geburt eines Kindes einen Baum zu
pflanzen, stetig zurückgegangen. Coesfeld erlaubt es, den Mittelweg
zu gehen: Zur Hochzeit wird ein Baum gepflanzt, ein symbolischer
Akt irgendwo zwischen Kindgeburt und eigenem Tod. Auf dem
Coesfelder Berg wurde von der Stadt und der Schutzgemeinschaft
Deutscher Wald eine Pflanzung eingerichtet, und im Jahr 2007
drückte hier das erste Paar einen Schössling in die Erde.

Vielleicht wird in Coesfeld nicht so viel geheiratet, denn im Moment ist das Hochzeitswäldchen noch ein zierlicher Hain, aber jeder
Wald hat einmal klein angefangen. Wer hier pflanzt, kann den Blick
weit über die hügeligen Landschaften schweifen lassen und darf sich
vorstellen, dies sei ein Blick in seine Zukunft: Mal geht es bergauf,
mal geht es bergab, mal ist es grün, mal trocken. In der Ferne stehen
Windräder, die daran erinnern, dass es (in Sachen Energie) immer
Alternativen gibt, aber vielleicht ist »Alternative« kein gutes Stich-
wort, wenn man gerade geheiratet hat. Das Paar kann wählen zwischen Stieleiche, Rotbuche, Esche, Ahorn, Linde oder Vogelkirsche.
Die Bäume sind potentiell symbolisch: Männer wählen die Eiche,
sie gilt als stark und robust. Oder die Buche, sie gilt als Schutzsym-
bol, weil hier angeblich der Blitz nicht einschlägt. Frauen wählen
vielleicht die Esche: Bei den Römern hieß es, dass der Pfeil des Amor
aus Eschenholz sei … und so kann munter gedeutet werden.

Die Bäume werden von Profis in der Erde versenkt und mit Hal-
testangen verbunden, auch hier könnte man wieder ein Symbol erkennen für … aber man soll es nicht übertreiben. Zumal die Bäume
gleich mit Pferdemist gedüngt werden. Was dann auch wieder sym-
bolische Bedeutung hat, denn wenn im Münsterland etwas gedeihen soll, wird vermutlich Pferdemist darunter liegen. Darüber will
das frisch vermählte Paar nicht nachdenken.

Adresse gegenüber der Gaststätte Zum Coesfelder Berg, Bergallee 51, 48653 Coesfeld, Tel. 02541/2158 | **Pkw** A 31, Ausfahrt Gescher/Coesfeld, L 525, links in Daruper Straße, rechts in Alte Münsterstraße, rechts in Bergstraße K 52, kurz vor der Gaststätte halb rechts in den Waldweg, dann noch circa 70 Meter | **Öffnungszeiten** Anmeldeformulare für einen Baum gibt es im Standesamt. Die Pflanzaktionen werden jeweils im Frühjahr und Herbst durchgeführt. | **Tipp** In Haus Loburg, der Wasserburg in der Nähe von Coesfeld, kann geheiratet werden, bevor es dann in den Hochzeitswald geht. Viel Glück!

Klaus und Stefanie
Brands
06.12.2006

21 Schloss Lembeck
Westfälisch für Anfänger

Schloss Lembeck in der Nähe von Dorsten ist eine imposante Anlage. Eine Gräfte (münsterländisch für Wassergraben) umschließt die prachtvollen Gebäude. Ein breiter Hauptflügel mit Tordurchfahrt, dreigeschossig, graues Schieferdach, darauf Renaissance-Zwiebeltürme, die sich kugelig wölben und dann schlank in den Himmel strecken. Drachenköpfige Wasserspeier aus grünspanüberzogenem Kupfer hocken in den Dachrinnen und betrachten übellaunig die Rhododendrenpracht im Garten. Im Schlosshotel die erste Entdeckung – kein Handy-Empfang, die dicken Mauern sind offensichtlich strahlungssicher. Die Zimmer hier haben keine Nummern, sie tragen Namen, und mit denen verbindet sich Geschichte, wie zum Beispiel die des malenden Grafen Hanns Hubertus, der sich mit den Nazis zoffte.

Die zweite Entdeckung – zum Hotel Schloss Lembeck gehört auch ein Restaurant, eine dunkle Ritterherrlichkeit um einen mächtigen Kamin. Zum Restaurant gehört eine Bedienung. Die Dame trägt einen gewagten Minirock, der aber geschickt in Schwarz gehalten ist, was erstaunlich schlank macht. Die Gute ist von jenem wortkargen Charme, der das Reisen im Münsterland immer wieder zu einem erinnernswerten Erlebnis macht. Auf die Frage, ob es auch alkoholfreies Weizenbier gäbe, antwortet sie mit einem kraftvollen »Näh!« Mehr Information war eigentlich auch nicht gefordert, aber man hätte eine Bemerkung erwartet wie: »Es tut mir leid, das haben wir gerade nicht da …« oder: »Da muss ich Sie enttäuschen …« Aber solch weltläufige Redundanzen schätzt der Münsterländer nicht. Abends auf dem Zimmer Hanns Hubertus erbringt eine schnelle Kontrolle, dass es an den Wänden keine Blutspuren von zerquetschten Mücken gibt. Das ist auch kein Wunder, in den Fenstern zur Gräfte hin halten dicke Spinnen Wacht. Am nächsten Tag gibt es Frühstück im Restaurant. »Moin!« – »Jau!« Der Reisende lernt ja schnell.

Adresse Schloss 1, 46286 Dorsten-Lembeck, www.schlosslembeck.de | **Pkw** A 48, Ausfahrt Haltern, auf der B 58 Richtung Westen durch Wulfen, dann rechts auf die L 608 Wulfener Straße. Das Schloss liegt links. | **Öffnungszeiten** Museum Mo–So 13–17 Uhr (10 und 11 Uhr nach Voranmeldung), Sa, So und Feiertage 11–17 Uhr; Park Mo–So 10–18 Uhr, Merveldt Galerie nach Absprache | **Tipp** Im Stadtteil Holsterhausen liegen mindestens zehn teilweise überbaute römische Marschlager. Sie sind ohne feste Bauwerke, aber ihre Bedeutung als Lager von mutmaßlich zwei Legionen wurde durch Bodenfunde ermittelt, vor allem durch die ungewöhnlich hohe Zahl von 270 Backöfen.

22 Die Lesehaltestelle

Die gläserne Bücherstube auf dem Markt

Diese Stadt hätte alles werden können. 1967 war Drensteinfurt der einzige deutsche Anwärter für die Errichtung eines Teilchenbeschleunigers der Europäischen Organisation für Kernforschung (CERN). Dafür hatte der Ort alles, was man sich wünschen konnte: die Nähe zu einer Universitätsstadt, zu Auto- und Eisenbahn und vor allem die Gewissheit einer tektonisch ruhigen Scholle – alles andere wäre dem Münsterländer auch zuwider. Jedoch – die Finanzierung klappte nicht, die Sache wurde auf Eis gelegt und als das geschmolzen war, bekam Genf den Zuschlag. Anfang der 1970er Jahre war Drensteinfurt als Standort für einen Großflughafen auserkoren, aber nur drei Jahre lang, dann brach die Finanzierung zusammen. Eine Autorennstrecke »Münsterlandring« scheiterte ebenfalls bereits in der Planungsphase. Ein Kraftwerk, vielleicht sogar Kernkraftwerk, kam nicht einmal in die Nähe einer Realisierung.

Drensteinfurt hat immer alles knapp verpasst. Dafür hat der Ort mit der idyllischen Innenstadt etwas ganz Besonderes. Zunächst wurde ein Wartehäuschen der Bushaltestelle auf dem Marktplatz durch ein öffentliches Bücherregal ergänzt. Jeder stellt die Bücher ein, die er nicht mehr braucht, und jeder entleiht, was gefällt – kostenlos natürlich. Es gibt nur wenige Regeln – die wichtigste besagt, dass man kein Buch entnehmen darf, ohne ein anderes hineinzustellen. Dann wurde die Sache größer: 2019 wurde aus dem ÖPNV-Büdchen ein Regenschutz für Radfahrer, genau auf dem Knotenpunkt mehrerer Fahrradrouten. Dazu wurde der Bücherschrank erweitert: Das neue Regal verfügt über 24 Fächer, die jeweils bis zu 30 Bücher aufnehmen. Damit alles seine Ordnung und Hygiene hat, sind mehrere PatInnen tätig, die wöchentlich bis zu 50 Bücher aussortieren müssen, weil die Anlage sonst überlaufen würde. Unterhalb der 24 Fächer des Bücherschrankes befinden sich acht weitere Fächer mit Ladeeinrichtungen für Elektrofahrräder. Das Aufladen ist kostenlos. Und wenn es mal nicht so läuft: Auf dem Platz stehen Bänke unter Bäumen für eine gemütliche Rast.

Adresse Adresse Place d'Ingré, 48317 Drensteinfurt | **Pkw** A1, Ausfahrt Ascheberg, Steinfurter Straße L 58, rechts in Sendenhorster Straße, rechts in Münsterstraße, Place d'Ingré | **ÖPNV** Bus RVM 354, Haltestelle Rathaus | **Tipp** Im Ortskern liegt die »Alte Post«, ein großes restauriertes Fachwerk- und ehemals Handelshaus eines Kölner Kaufmanns aus dem Jahre 1647.

23 Die Dülmener Wildpferde
Wo die wilden Kerle wohnen

Das Münsterland ist ein Pferdeland. Im Merfelder Bruch lebt die einzige Wildpferdherde Europas. An jedem letzten Samstag im Mai werden die einjährigen Hengste herausgefangen, um die Population gesund zu halten. Dazu werden die Tiere in eine ovale Arena getrieben. Dann ist es die Aufgabe der Fänger, einen nach dem anderen die jungen Hengste aus der Herde zu isolieren. Die Fangtechnik ist der Schwitzkasten, wie man ihn von Schulhofrangeleien kennt. »Erst macht man ein bisschen lockerer«, sagt Landwirt Antonius Winkelmann, »dann packt man fester zu, damit er einem nicht wieder davonläuft.« Jetzt kommt der hinterhältige Trick: »Man greift mit der rechten Hand um den Hals, legt die linke Hand auf die Nüstern und nimmt dem Hengst damit ein bisschen die Luft.« Der arme Kerl geht zwar in die Knie, ist aber noch lange nicht am Ende. Nun kommt es darauf an, die Beine festzuhalten, denn das Tier strampelt und schlägt nach Leibeskräften aus, schließlich geht es um seine Freiheit.

Seit 1316 sind im Merfelder Bruch Wildpferde urkundlich nachgewiesen, heute leben hier ungefähr 350 von ihnen auf den Besitzungen des Herzogs von Croÿ. Der Bruch ist zwar eingezäunt, aber innerhalb des Zaunes leben die Pferde relativ frei und auf sich gestellt, ohne Stall, ohne Tierarzt und auch fast ohne Zufütterung.

Antonius Winkelmann ist ein erfahrener Fänger, aber auch seine Duelle gingen nicht immer ohne Blessuren ab. Einmal hat er zwei Hufe derbe vor den Kopf bekommen, den einen genau auf die Oberlippe. Er kam gleich ins Krankenhaus. Die Ärzte in der Notaufnahme machten sich sofort an die Arbeit, und mit dem trockenen Humor der Region ermahnte ein Arzt seinen Kollegen: »Nehmen Sie einen dünnen Faden, der braucht noch 'ne Frau.«

Winkelmann lacht über den Spaß: »Ich kann nur sagen, ich habe eine gekriegt und bin gut zufrieden damit. Die Ärzte haben ganze Arbeit geleistet.«

Adresse Herzog von Croÿ'sche Verwaltung, Schloßpark 1, 48249 Dülmen, Tel. 02594/
9630, www.wildpferde.de | **Pkw** A 43, Ausfahrt Dülmen, Borkener Straße, Roruper
Straße L 600, dann links in einen Waldweg oder A 31, Ausfahrt Borken / Reken,
L 600 Hadenbrok, dann rechts in einen Waldweg | **Tipp** Das Figurentheater Hille Puppille
beschäftigt sich mit aktuellen und zeitkritischen Themen. Fast alle Produktionen entstam-
men der eigenen Feder.

24___ Der Schandpfahl
Die Drohung wirkte

»Ein Exempel der Verschwiegenheit / ein Beschützer gegen / die Verleumder / und Ehrabschneidungen« – so steht es auf dem Schandpfahl von Rorup. Raban Wilhelm F. H. von Kückelsheim war 1691 Herr auf Haus Rorup (westfälische Bescheidenheit – woanders hätte es Schloss Rorup geheißen) und übte die Gerichtsbarkeit aus. Offenbar waren ihm Klatsch und Tratsch (modern: Mobbing) so verhasst, dass er 1742 einen steinernen Pranger für diejenigen errichtete, die den Mund nicht halten konnten und glaubten, sie könnten »Sausen und Brausen und ärgerliches Leben« anprangern.

Man muss sich die Anlage wohl so vorstellen, dass der Delinquent auf dem Absatz zu stehen kam, also leicht erhöht und damit weithin sichtbar und gut zu treffen, wenn man eine Portion Mist oder (je nach Grad der Feindschaft) einen Stein zur Hand hatte. Nun vermeidet der Münsterländer seinem Gemüt nach eher das Gespräch, oder wenn er doch redet, dann kurz. Insofern ist es nicht erstaunlich, dass sich in den Chroniken kein Fall findet, in dem der Schandpfahl benutzt wurde.

Vielleicht reichte auch schon die Drohung, um die Untertanen in Rorup zur Ordnung zu rufen. 1803 wurden Verurteilungen zum Schandpfahl überhaupt verboten.

Das steinerne Stück Rechtspflege wanderte durch Ort und Zeit, lag schon mal im Graben, wurde durch Denkmalpfleger gerettet, wiederaufgearbeitet, stand hier und dort. 1983 wurde es noch einmal restauriert. Das Original wurde 1961 zu seinem Schutz auf einen Treppenabsatz im Gemeindehaus verbracht, auf einen Platz davor kam die Replik.

Dieser Pranger ist der einzige auf weiter Flur. Es gibt nur noch wenige in Deutschland, weil diese Instrumente der öffentlichen Resozialisierung in der Regel aus Holz waren und daher schnell dem Zahn der Zeit zum Opfer fielen. Marsberg im Hochsauerland hat noch ein recht wirkungsvolles Exemplar aus Stein.

Adresse Kirchplatz, vor dem ehemaligen Amtsgebäude, 48249 Dülmen-Rorup | **Pkw** A 43, Ausfahrt Dülmen-Nord, Billerbecker Straße L 580 Richtung Norden, bis Ortskern Rorup, Dülmener Straße, dann Hauptstraße, Parken vor der Kirche, dann links vor Amtsgebäude | **Tipp** Die Gemeindekirche St. Agatha am Kirchplatz besitzt eine verwirrende Konstellation von Türmen, die nicht zueinanderpassen. Im Innenraum hängt ein sogenanntes Triumphkreuz, mit dem der Sieg des auferstandenen Christus über den Tod verherrlicht wird.

25_ Emsdettener Venn

Oh schaurig ist's …

Na ja, eigentlich ist es nicht so schaurig, wie Annette von Droste-Hülshoff effektvoll dichtete. Westlich von Emsdetten liegt das 325 Hektar große Emsdettener Venn. Es ist der Rest eines Hochmoores, das in den vergangenen Jahrhunderten intensiv genutzt wurde und dementsprechend geschrumpft ist. 1941 wurde das Venn unter Naturschutz gestellt.

Der Weg ins Moor ist mühsam. Irgendwann enden die asphaltierten Straßen, die aus der Stadt herausführen, dann beginnt der Schotterweg mit Matsch und Schlaglöchern. Man sollte sich auf die eigenen Sohlen machen. Die Alleen mit altem Baumbestand lohnen jeden Schritt. Im Emsdettener Venn wurde ein Lehr- und Erlebnispfad angelegt, der sich am besten mit einer Broschüre erwandern lässt, weil darin die einzelnen Stationen angezeigt und erläutert werden. Man geht vorbei an den Rastplätzen der Kraniche und den Brutplätzen von Uferschnepfe und Krickente. Am Südrand des Moores wurde eine barrierefreie Aussichtsplattform errichtet, die einen weiten Blick über die Landschaft erlaubt. Man kann auch Rad fahren. Über rumpelige Wirtschaftswege, befestigte Radwege und einen kräftezehrenden Sandweg lässt sich das Moor schneller erkunden. Empfohlen wird jedoch eine geführte Nachtwanderung, die diejenigen Sinne fordert, die wir sonst weniger nutzen: Das Gehör, die Nase, die Sensoren der Haut.

Und vielleicht wusste Annette mehr, und es war doch schaurig, übers Moor zu gehn. »Dat Viennmörken sall di halen!« − so drohten die Eltern in Emsdetten früher ihren ungehorsamen Kindern. Die sagenhafte Gestalt des Vennmütterchens, das zwischen den Moorgewächsen Netze spinnt, um Kinder zu fangen, kann der Sensible auch heute noch erahnen, wenn im Herbst die Spinnweben erscheinen wie Viennmörkens Fallen. Klebrige Mütterchen im Moor oder tote Reformer an Münster'schen Kirchtürmen: Die Pädagogik des Münsterlandes kannte viele schaurige Gestalten.

Adresse 48282 Emsdetten | **Pkw** A 1, Ausfahrt Greven, L 481 Grevener Damm, links auf Mühlenstraße, Buckhoffstraße L 583 auf Neuenkirchener Straße, links Parkplatz, rechts ins Venn | **Öffnungszeiten** Anmeldungen für geführte Wanderungen nimmt der Verkehrsverein Emsdetten unter Tel. 02572 / 93070 entgegen. | **Tipp** In »Stroetmanns Fabrik«, einer ehemaligen Textilfabrik, ist heute das Veranstaltungszentrum von Emsdetten.

26_ Wannenmacher

Die Spreu vom Weizen trennen

Clemens Finke hat früh angefangen. 1941 hat er in Quakenbrück das Wannenmacherhandwerk erlernt, sage und schreibe sieben Jahre lang. Dann kehrte er nach Emsdetten zurück, wo sein Vater einen Wannenmacherbetrieb unterhielt, im Familienbesitz seit 1852.

Eine Wanne sieht für den Laien zunächst einmal aus wie ein Korb, der nicht richtig was geworden ist. Er ist flach, es gibt ihn in unterschiedlichen Größen, und er ist auf der einen Seite etwas höher als auf der anderen. Eine Wanne war früher ein in der Landwirtschaft unverzichtbares Handwerksinstrument, mit ihr wurde das Korn hochgeworfen und so die Spreu vom Weizen getrennt. In Emsdetten gab es ab 1645 eine Wannenmachergilde, deren Produkte bis nach England und sogar Westindien geliefert wurden.

Wie bedeutend früher die Wannenmacherei war, erkennt man daran, dass Clemens Finke, inzwischen weit über 80, zunächst Korbmacher und dann noch Wannenmacher gelernt hat. Aber die Wannenmacherei hatte keine Zukunft, und so hat Finke zusammen mit seiner Schwester schon 1948 einen Laden eröffnet, in dem neben Korbwaren auch Kinderwagen verkauft wurden; die waren das krisensichere Standbein. In diesem Sektor konnte das Geschäft sogar noch expandieren. Clemens Finke, der den Betrieb an seinen Sohn weitergegeben hat, sitzt immer noch in seiner Werkstatt hinter dem Laden, nimmt sein Werkzeug zur Hand, das die Familie schon über 100 Jahre benutzt, und fertigt seine Wannen – Liebhaberstücke für Menschen mit Gärten oder einem Gespür für Geschichte. Finke ist der letzte ausgebildete Wannenmacher in Emsdetten, und er will so lange weiterarbeiten, wie es eben geht.

Die Geschichte seines Handwerks bewahrt das Wannenmacher-Museum, in dem die Grundmaterialien, die Werkzeuge und auch die wirtschaftliche Bedeutung dieses Berufes, von dem zeitweilig fast die Hälfte der Emsdettener Handwerkerhaushalte gelebt hat, gezeigt werden.

Adresse Happy Baby Finke, Buckhoffstraße 12, 48282 Emsdetten; Wannenmacher-Museum, Mühlenstraße 28−30, 48282 Emsdetten, www.vvemsdetten.de | **Pkw** A 1, Ausfahrt Greven, L 481 Grevener Damm, links auf Mühlenstraße | **Öffnungszeiten** Di−So 15−18 Uhr, So 10−12 Uhr, Führungen nach Vereinbarung | **Tipp** Galerie Münsterland: Im Maschinen- und Kesselhaus der ehemaligen Textilfabrik B. W. Stroetmann finden Ausstellungen sowohl des Vereins Galerie Münsterland e. V. als auch des Emsdettener Kunstvereins e. V. statt.

27 __ Der Kunstgarten

Pferde, Ratten, Lichtobjekte

Man sieht's schon von der Straße aus – im Vorgarten, am Weg und auf der Treppe zum weißen Studio hinauf: Überall stehen »Viecher«. So nennt Wolfgang Lamché die Tierskulpturen aus Bronze, die seinen Garten bevölkern. Naturalistische, wie in der Bewegung eingefrorene Pferde, Fasane, Igel und durchaus possierliche Ratten streifen um das Haus. Dazwischen stehen abstrakte Skulpturen, die rein Bewegung und Fläche sind, oft aus polierten Metallen. Der Garten ist Ausstellungsgelände des Künstlers und in seiner gestalteten Fülle selbst wieder Kunstwerk.

Wolfgang Lamché ist in Hamm geboren, machte dort Abitur und studierte in Münster Betriebswirtschaft. Nicht lange, denn er merkte, dass er mit den Händen arbeiten musste. Es folgte eine Lehre als Steinbildhauer. Lamché übernahm den Betrieb seines Chefs, womit eigentlich eine Karriere als Grabsteingestalter vorgezeichnet war. Doch dann bestellte ein Kunde eine Vogeltränke aus Stein bei ihm, die aber etwas nackt aussah. Lamché formte einen Vogel als Dekoration. Kunst ging also auch. Nicht unbedingt, weil er es gelernt hatte, sondern weil er die Gabe einer direkten Verbindung zwischen »Vorstellung« und »Hand« hat. Er ist – Münsterländer! – jahrelang geritten, und das mag ihm helfen, Pferde zu gestalten, aber für seine Rattenskulpturen wäre das wohl keine Erklärung. Lamché sagt, dass er selten mit Vorzeichnungen arbeitet, er »sieht« seine Objekte und hat sofort ein Gespür für deren Größe und Gestalt. Er arbeitet in zwei Genres: detailgetreu naturalistisch, sodass man denkt, seine Pferde im Sprung würden gleich mit donnernden Hufen aufschlagen, und sehr abstrakt, wobei sich das eine aus dem anderen ergibt – Abstraktion als die weitestmögliche Reduzierung des Natürlichen.

Reduziert, glänzend und oft tonnenschwer finden sich seine Abstraktionen als Kunst am Bau von Instituten, die Geld ausgeben können.

Adresse Wolfgang Lamché, Ostenfelder Straße 32, 59320 Ennigerloh, Tel. 02524 / 7500, www.lamche.com | **Pkw** A 2, Ausfahrt Beckum, L 475 Richtung Ennigerloh, Neubeckumer Straße, Luisenstraße, rechts Ostenfelder Straße | **Öffnungszeiten** bitte telefonisch verabreden | **Tipp** Der Golfclub Schloss Vornholz in Ostenfelde, Steinpatt 13 in Ennigerloh, ist ein Park in der Parklandschaft.

28__ Bildstock für Elisabeth Schütte

Mord am Angelbach

Im Münsterland, so scheint es bei einem nicht wissenschaftlich abgesicherten Überblick, stehen mehr Wegekreuze und Bildstöcke als selbst in Bayern. Manche erzählen eine grauenvolle Geschichte. Einer von ihnen befindet sich in Enniger am Ortsausgang nahe einer Brücke über den unscheinbaren Angelbach. Hier stehen »propere« Häuser mit wohlgeschnittenen Hecken, weiter hinten führt ein Weg durch die Felder. Als die Tat geschah, lag dieser Fleck etwas außerhalb der Siedlungsgrenze an einem Fußweg.

Auf einer Tafel am Bildstock steht die Inschrift: »Zur Erinnerung an die Sodalin Elisabeth Schütte, geboren am 10. Mai 1841, die an dieser Stelle grausam ermordet (wurde) im Kampf um ihre Tugend den 22. April 1873«. (Eine Sodalin ist eine Angehörige der Marianischen Jungfraukongregation.)

Die Mordtat nach der Vergewaltigung hatte Folgen. Eine zeitgenössische Informationstafel klärt auf, dass die Bemühungen der Polizei, den Mord aufzuklären, erfolglos blieben. »Schließlich verdächtigten Dorfbewohner den jüdischen Mitbürger Herz Spiegel.« Es gab keine begründbaren Verdachtsmomente gegen Spiegel, aber die aufgebrachte Bevölkerung verlangte nach einem Täter. Als Jude war Spiegel offenbar ein willkommenes Objekt des Hasses. Er selbst und auch die übrigen Angehörigen der kleinen jüdischen Gemeinde waren in der Folgezeit Anfeindungen ausgesetzt, es wurden Steine geworfen und Schüsse abgefeuert. Innerhalb der nächsten 20 Jahre verließ die jüdische Gemeinde Enniger. Der Bildstock zur Erinnerung an die Ermordung einer jungen Frau ist zugleich der in Stein gefasste Beginn der generationsübergreifenden Leidensgeschichte der Familie Spiegel. In der mündlichen Überlieferung des Dorfes scheint sich lange Zeit die Kenntnis erhalten zu haben, wer tatsächlich der Mörder gewesen war.

Adresse 59320 Ennigerloh-Enniger | **Pkw** A2, Ausfahrt Beckum, L475 Richtung Ennigerloh, Neubeckumer Straße, Westring, links Hauptstraße L792 nach Enniger, Ortsausgang, Vorhelmer Straße/Rugge Wieske, neben der Brücke | **Tipp** Die Rückämper Kapelle von 1685 ist eine sehr schöne kleine Kirche aus Fachwerk, das Türmchen sehr idyllisch aufs Dach gesetzt. Sie liegt circa zwei Kilometer nördlich von Enniger an der Straße nach Buddenbaum.

29 Treffpunkt Pängel Anton

Der Zug kommt nicht mehr

Alte Coladosen hängen als Hubschraubermodelle unter dem Ventilator vor dem Tresen. Der Gastraum ist gemütlich vollgekramt, überall finden sich Eisenbahnalia, falls es diesen Ausdruck gibt. Man schaut sich um und gewinnt den Eindruck: Auf wichtigen Strecken in ganz Deutschland müssen an den Zügen die Hinweisschilder fehlen.

Das Gebäude von 1901 war ursprünglich ein Bauernhof mit Kneipe und Verladestation für die westfälische Landeseisenbahn zwischen Neubeckum und Münster. Ingrid Druce, gelernte Reisekauffrau, kehrte 1987 aus Südafrika zurück, verliebte sich in das leer stehende Gebäude, pumpte neues Leben in die Gastronomie und fand den richtigen Namen: »Pängel« ist westfälisch für »Bimmel«. Der Pängel Anton war der Bummelzug, der durch die Felder kroch.

Früher war das Haus so etwas wie der Bahnhof des Pängel Anton, hier trank man das Bier vor der Reise, und hier besorgte sich der Schaffner das Wechselgeld. Das Lokal wollte nie etwas anderes sein als eine normale Kneipe (Bier, Würstchen, Kartoffelsalat hausgemacht) mit einigen Besonderheiten: Es gibt Live-Musik mit Gruppen und Solokünstlern von Folk über Blues bis Jazz – Hannes Wader, Pete Wyoming Bender und andere waren schon da. Im Winter gibt es Kleinkunst und Kabarett, seit 1990 außerdem einen Jour fixe: An jedem ersten Dienstag im Monat treffen sich Oldtimer-Fans, die von Bielefeld oder Düsseldorf anreisen. In langen Reihen steht dann Technikgeschichte auf dem Parkplatz, liebevoll aufgearbeitet und poliert. Es kommen nicht nur Autoliebhaber, sondern auch Flugzeug-Enthusiasten (Hub- und Flächenflieger) mit Oldtimer-Begeisterung. Sie kommen, um zu trinken, zu staunen und zu reden, Pängel Anton ist keine Börse oder Verkaufsshow, sondern eben eine Kneipe. Einmal im Jahr trifft noch ein Oldtimerverein mit einer Dampflok von Lengerich hier ein, der den »Pendelverkehr« nach Münster aufnimmt; dann wird es richtig voll.

Adresse Neuengraben 12, 59320 Ennigerloh-Enniger, Tel. 02528/1375 | **Pkw** A 2, Ausfahrt Beckum, L 475 Richtung Ennigerloh, Neubeckumer Straße, Westring, links Hauptstraße L 792, durch Enniger zum Ziel | **Öffnungszeiten** Di–Sa ab 15 Uhr, So und Feiertage ab 11 Uhr | **Tipp** Der Enniger Markt, ein großer Auftrieb mit allem, was Münsterländer essen und trinken, ist einer der ältesten Märkte Westfalens, urkundlich erstmals 1552 erwähnt. Er wird seit 1899 immer am zweiten Mittwoch im Juli veranstaltet.

30 — Gasthof Diepenbrock
Geier live

Der Geier ist das Wappentier. Der große Greifvogel ist so sehr Markenzeichen des Gasthofs geworden, dass Kneipier Klemens Diepenbrock sogar die Patenschaft für den Geier »Klemens« im Zoo von Münster übernommen hat. Dabei hat seine Gaststätte mit dem Aasfresser nichts zu tun.

Wenn man das Lokal betritt, kommt man an einem kleinen Separee vorbei. Das ist die Kornkammer. Früher, sagt Diepenbrock, habe man mehr Schnaps als Bier getrunken, noch bis 1970 wurde der Schnaps direkt aus der Brennerei hochgepumpt und vor Ort gezapft. Die wilden Zeiten sind vorbei. Klemens Diepenbrock hat die Kneipe von seinem Vater übernommen und einen Biergarten sowie das sogenannte Oberhaus hinzugefügt.

Zu den Besonderheiten von Everswinkel gehört, dass der Ort, eigentlich kaum mehr als eine Schlafstadt zwischen Münster und Warendorf, ein Mekka des deutschen Vereinswesens ist. Es gibt 18 Musikvereine, einen Schützenverein mit 1.000 Mitgliedern, Fördervereine im Dutzend. Auf den Bahnen im Gasthof kegeln jeden Abend zwei Vereine, sonntags gleich vier. Für solch eine gruppenselige Stadt braucht man große Räume, und in großen Räumen muss was passieren. Also erfand Klemens Diepenbrock den »Geier!Live«. An diesen »Talkshow«-Abenden rückt der Wirt die roten Barhocker in die Mitte und interviewt ausgewählte Besucher. Die Gäste werden vorher gebeten, ihre Fragen aufzuschreiben. Da kommen etwa ein Pastor und ein Karnevalsprinz zusammen, um über die Fastenzeit zu diskutieren. »Nachtmenschen« erzählen von ihren Erlebnissen – wie die Zeitungsbotin, die seit 38 Jahren unterwegs ist und als unfreiwillige Nachtwächterin schon oft Polizei und Feuerwehr alarmiert hat. Wer glaubt, Eigenes präsentieren zu müssen, für den gilt in regelmäßigen Abständen: »Bühne frei«. Die Frage ist, wann man in Everswinkel zwischen Kneipe und Verein noch Zeit hat zu schlafen.

Adresse Vitusstraße 5, 48351 Everswinkel, Tel. 02582/383 | **Pkw** A 1, Ausfahrt Kreuz Münster-Süd, B 51 Richtung Norden, rechts Münsterstraße, Freckenhorster Straße L 793, rechts Bahnhofstraße, rechts in die Vitusstraße, am Ende Parkplatz, der Biergarten liegt im Schnittpunkt von drei Radwanderwegen | **Öffnungszeiten** täglich ab 17 Uhr, So bei schönem Wetter ab 11 Uhr, sonst ab 17 Uhr | **Tipp** Der Ponyhof Georgenbruch ist ein Erlebnisraum für Kinder und Erwachsene und Chance für die Kleinen, mal ihre regionaltypische Leidenschaft für Pferde zu entdecken.

31 Die Kraftfahrerkapelle

Ort der Einkehr und Erinnerung

Weil sich auf der schnurgeraden Bundesstraße B 64 von Münster über Warendorf nach Rheda-Wiedenbrück so gut rasen lässt, ist hier der ideale Standort für eine Kapelle speziell für »Kraftfahrer«. Die Gedenkstätte für Verkehrstote wurde 1964 mit Hilfe von Spenden aus der umliegenden Bevölkerung und von Kraftfahrern erbaut, besagt eine Tafel in ihrem Inneren. Auf weiteren Tafeln sind die Namen und Daten von Unfallopfern verzeichnet. Nach einer groben Schätzung stehen hier über 270 Namen versammelt, die meisten aus den 70er und 80er Jahren. Was nicht heißt, dass die Anzahl der Verkehrstoten rückläufig ist, lediglich erlaubt das Datenschutzgesetz die Veröffentlichung der Namen nicht mehr.

Die B 64 ist auch deshalb eine gefürchtete Strecke, weil dicht und parallel zu ihr wie eine dritte Spur die Bahnlinie Münster-Warendorf verläuft. Auto und Zug fahren gleichsam Außenspiegel an Außenspiegel.

Wer also aus Münster kommend rechts abbiegen will, muss die Gleise überqueren. Umgekehrt muss, wer von Süden kommend auf die B 64 einbiegen möchte, weit auf die Gleise vorfahren, damit er rechts und links sichern kann, bevor er sich im hochtourigen Spurt zwischen zwei Stoßstangen fädelt.

Da kann es passieren, dass der Kraftfahrer im Berufsverkehr morgens und abends auf den Schienen steht, auf eine Lücke wartet, dabei nicht vorwärtskommt und – wegen des nachdrängenden Traktors mit einem Anhänger voll Kartoffeln – auch nicht zurücksetzen, geschweige denn wenden kann. Womöglich sieht er eben jetzt aus Richtung Münster den Regionalzug sich nähern, und vielleicht wird ihm in diesem Moment siedend heiß einfallen, dass der vom Volksmund »Der Westfalentöter« genannt wird, aber für solche Scherze ist jetzt nicht der richtige Zeitpunkt, denn wenn im Moment kein Wunder geschieht, wird der Kraftfahrer schnell zu einem Namen auf der Gedenktafel.

Adresse B 64 Nähe 48351 Everswinkel | **Pkw** von Warendorf auf der B 64, Richtung Münster, auf der Höhe Everswinkel-Raestrup, auf der rechten Seite, Vorsicht beim Ein- und Ausfädeln | **Öffnungszeiten** immer zugänglich | **Tipp** In Everswinkels »Mitmach Museum« heißt es Hand anlegen, den Dreschflegel selbst schwingen und erleben, wie damals zu Großvaters Zeiten unter Schweiß und Schwielen auf dem Land das Brot entstand ...

32 Glockenmuseum

Sichtbare Töne

Wer wissen will, wo im Münsterland die Glocken hängen, muss nach Gescher fahren. Im Glockenmuseum findet er eine circa 1.000 Objekte umfassende Sammlung von Kirchen-, Kapellen-, Schiffs- und Tischglocken aus der Bautradition Westfalens.

Das Wichtigste an einer Glocke ist, dass und wie sie klingt. In einem Musikraum können die Besucher selbst erproben, wie durch unterschiedliche Formen und Materialien die Besonderheiten von Glockenklängen entstehen. Sehr beliebt ist hier die »Wasserglocke«. Sie steht auf dem Kopf und wird wie eine Schüssel mit Wasser gefüllt. Ein Schlag mit dem Gummihammer – der Glockenton erschallt, und gleichzeitig überzieht sich die Wasseroberfläche mit kleinen Wellen in einem geometrischen Muster. Der Ton wird sichtbar. Wenn man dann noch die Hand ins Wasser steckt, kann man ihn auch fühlen, ein Kribbeln wie bei einem Stromstoß.

Das Museum hat eine eigene Glockengrube, in der demonstriert wird, in welchen Arbeitsschritten eine Glocke nach und nach entsteht. Und die erhaltene Rechnung der Osterwicker Glocke zeigt exemplarisch, wie aufwendig es war, eine Glocke in einen Turm zu bekommen: 72 Positionen führt die Rechnung auf, darunter das Trinkgeld für Knechte und die Bewirtung des segnenden Weihbischofs sowie seines Dieners, die beide auch ein Geschenk erhielten. Man entdeckt Besonderheiten wie die Fabian-Glocke, die 1602 von Friedrich von Butgen in Dortmund gegossen wurde. Sie ist die einzige des Herrn von Butgen, die noch erhalten ist. Noch eine Besonderheit des Museums ist ein machtvolles Kanonenrohr. Da die Glockengießer nun einmal Spezialisten im Formen von Metallen waren, haben sie auch Kanonen gefertigt, für den Fall, dass die Friedensglocken mal versagten.

Zum Schluss eine Warnung: Im Obergeschoss hängen Schiffsglocken. Diese mussten laut Vorschrift eine Mindestlautstärke von 110 Dezibel erreichen. Vermeiden Sie, die anzuschlagen!

Adresse Westfälisches Glockenmuseum Gescher, Lindenstraße 4, 48712 Gescher, Tel. 02542/7144 | Pkw A 31, Ausfahrt Gescher/Coesfeld, Richtung Westen auf L 525, rechts auf Bahnhofstraße, Hauskampstraße, links Konrad-Adenauer-Straße L 571, links in Eschstraße bis Glockenmuseum | Öffnungszeiten Di–So 10–17 Uhr, Führungen nach vorheriger Anmeldung | Tipp Friedrich Schiller, Die Glocke: Jetzt, Gesellen, frisch!/Prüft mir das Gemisch,/Ob das Spröde mit dem Weichen/Sich vereint zum guten Zeichen … und so weiter. Lohnt sich!

33 Bockholter Berge
Löns-Land

Die Bockholter Berge sind »Berge« im westfälischen Verständnis – eigentlich ist im Münsterland alles, was über die Traufhöhe eines Bauernhauses hinausragt, ein Berg. Die Bockholter Erhebungen, seit 1939 geschützt, sind entstanden aus den Sandablagerungen der Ems, die sich hier als schmales Flüsschen durch die Wiesen schlängelt. Schautafeln machen die Bergregion auch für den erlebbar, der kein gelernter Förster ist. Gerade zur Heideblütezeit im Spätsommer ist ein Spaziergang durch Wald und Heide ein besonderes Erlebnis, wenn sich im warmen Abendlicht die Farben über die Landschaft verteilen wie Flecken auf einer Patchwork-Decke. Weil einige Bereiche zum Grillparadies zu verkommen drohten, wurden Zäune errichtet, und die Spaziergänger werden auf ausgewiesenen Wegen geführt.

Der Münsterländer, der ohnehin gern schweigt, verfällt hier ganz der Ruhe. Und dies ist ganz gewiss, wenn er den erzromantischen Gellenbach erreicht, der von Büschen umstanden lieblich um die Bäume mäandert. Um zu verhindern, dass die Wacholderheide von Gehölzen überwachsen wird, wurden in den letzten Jahren Bäume gefällt und an manchen Stellen der Oberboden abgezogen, um dem ursprünglichen Wacholderbewuchs eine Chance zu geben.

Wo immer Heide ist, kommt Hermann Löns ins Spiel. Meist wird ihm ein Findling gewidmet, so auch hier. »Unserem Hermann Löns« wurde dort in der Vergangenheit für die Zukunft eingemeißelt. Löns war Förster, Schriftsteller und ein passionierter Liebhaber vor allem der Lüneburger Heide, passt aber als Literat auf jeden strauchbestandenen Sandboden. In Germanistenkreisen trug Löns lange den Spottnamen »Sänger des deutschen Kopfsteinpflasters«, weil seine Liebe zur Natur Züge eines deutschnationalen Chauvinismus trug. Deswegen und wegen der Findlinge liegt Löns noch heute schwer auf der Heide, was einem aber den Genuss an der Natur nicht verderben kann.

Adresse 48268 Greven | **Pkw** Dorf Gimbte auf dem Alten Fährweg verlassen, geradeaus, über die Emsbrücke hinweg, links auf »Guntruper Berge«, nach wenigen 100 Metern Parkplatz. Parken. Gehen. | **Tipp** Nahrups HOF-CAFE & MEHR auf der östlichen Seite der Bockholter Berge ist Spargelhof, Hofladen und Café – gut für nach dem Wandern.

34_ Gimbte

Schönes Dorf mit Kunst

Gimbte ist das Tor zu den Bockholter Bergen. Die Dorfstraße windet sich durch den Ort, führt vorbei an alten Höfen und Häusern. Entstanden ist Gimbte aus einem Drubbel, einer Ansammlung von Höfen, die sich um die Kirche St. Johannes gruppierten, die einen der ältesten Taufsteine Westfalens besitzt.

Der Straßenführung merkt man noch an, dass sie sich auf einen Kern bezog, der kurz vor der Kirche lag, ungefähr dort, wo heute die große Kreuzung liegt. Circa 900 Einwohner zählt der Ort, entsprechend gemäßigt ist der Verkehr. Der Besucher kann ältere Herren beobachten, die sich eigens in die regionaltypischen blauen Arbeitsjacken geworfen haben, nicht nur, um ihre Häuser zu reinigen und mit Rabatten zu verschönern (Maßstab: »proper«), sondern gleich die ganze Kreuzung. So hat sich Gimbte mit viel Liebe seinen gewachsenen Kern erhalten.

Spricht man mit Münsterländern über Gimbte, dann wird der Ort mit den Fachwerkhäusern gern mit Wörtern wie »urig« oder »pittoresk« oder »malerisch« beschrieben, und alle diese Begriffe treffen zu, weshalb der Flecken ein beliebtes Ausflugsziel von Radfahrern aus Münster und Umgebung ist und ebenso von erschöpften Besuchern der »Berge« jenseits der Ems oder des Vogelschutzgebiets Rieselfelder. Für Reisende gibt es zahlreiche, oft sehr traditionelle Lokale mit regionaler Küche.

Der touristische und kulturelle Höhepunkt im Kalender ist der Kleinkunstmarkt im August. Um die 100 Aussteller bieten ihre Erzeugnisse an oder produzieren gleich vor Ort. Gimbte wird dann zur Kulisse einer vorübergehenden Künstlerkolonie, durch die Tausende Besucher schlendern – und das ist die Bewegung, für die dieser Ort gemacht wurde. Wenn der Markt zusammengepackt hat, fällt das Dorf wieder zurück in seine geruhsame Beschaulichkeit, nur einzelne Unternehmen wie die Galerie KUnstSTALL halten den Kulturbetrieb am Laufen – bis zum nächsten August.

Adresse Galerie KUnstSTALL., Grevener Straße 1, 48268 Greven-Gimbte, Tel. 0251/ 1626721 (abends), www.galerie-kustall.de | Pkw A 1, Ausfahrt Greven, L 587 nach Süden, rechts in Gittruper Straße bis Ortskern | Öffnungszeiten Fr 16–17.30 Uhr, Sa 13.30–18 Uhr, So 13–18 Uhr | Tipp Der Museumshof Averkamp ist eine sehr eigenwillige Mischung von Bauernhof als Museum und Biergarten, vermutlich wissenschaftlich nicht eben präzise, aber schön zum Sitzen, wenn das Wetter lockt.

35__ Das Rock-Museum
Denkmal zu Lebzeiten

Im Regelfall muss eine Person der Zeitgeschichte tot sein, um zu einer eigenen Adresse zu kommen. Udo Lindenberg, geboren am 17. Mai 1946 in Gronau, hat schon eine: Udo-Lindenberg-Platz 1. Hier, im früheren Industriegebiet der Stadt, liegt das rock'n'popmuseum. Auf dem Gelände sind heute die Hügelchen und Wasserläufe einer Landesgartenschau ausgebreitet und erzeugen eine aufgeräumte Stimmung – im Gegensatz zum Museum, wo der »wilde, animalische Rock« (Lindenberg) zelebriert wird.

Die Dauerausstellung führt durch die Geschichte der populären Musik, angefangen beim Gedudel im Prater. Dann geht es über Benny Goodman zu Bibi Jones und Peter Alexander und so weiter. Dazu gibt es immer die entsprechenden Versatzstücke der Epoche: Für die Rocker der 50er Jahre stehen Lederjacke, Gitarre und Haargel, für die 60er das kühltruhengroße Tonmöbel mit Plattenspieler und Radio. Darüber lockt im schwülstigen Rahmen mit schwellenden Brüsten die Karstadt-Zigeunerin, das erotische Urerlebnis der Generation Lindenberg. Im Zentrum hängt die mannshohe Trance-Glocke. Man schlüpft von unten in das rote Gebilde und steht auf vibrierendem Untergrund, gleichsam auf dem gespannten Fell einer riesigen Trommel. Unmittelbar dringen die Musik und die Schwingungen in den Körper ein, erfassen die Emotionen und verführen den Hörer dazu, genüsslich abzudriften. Die nüchternen Fakten: Die Glocke ist aus Verbundmaterial, hat einen Durchmesser von circa 2,70 Metern und verfügt über 24 kreisförmig angeordnete Lautsprecher. Der Boden wird von vier Bass-Shakern zum Schwingen gebracht, die Musik heißt »Wajd« und stammt von J. Birkhoff. Die Wirkung ist phänomenal.

Am Ende des Rundgangs finden sich die Udo-Devotionalien, und für die, die die Trance-Glocke nüchtern gelassen hat, zeigt eine Vitrine etliche der Hilfsmittel, die es braucht, um die in der Branche gängigen Drogen zu sich zu nehmen.

Adresse rock'n'popmuseum, Udo-Lindenberg-Platz 1, 48599 Gronau (Westfalen),
Tel. 02562 / 81480, www.rock-popmuseum.com | **Pkw** Hinweisschildern auf das Museum
an der A 31 bei der Abfahrt Gronau / Ochtrup folgen, über die B 54 Richtung Gronau,
Beschilderung durch den Ortskern Gronau folgen | **ÖPNV** Das Museum liegt in un-
mittelbarer Nähe des Bahnhofs und der Innenstadt, alle Linien dorthin führen auch zum
Museum. | **Öffnungszeiten** Mi – So 10 – 18 Uhr, Di nur auf Anfrage, Gruppen ab 30 Per-
sonen | **Tipp** Neben dem Museum steht noch der Überrest eines Hauses. An der Außen-
wand wurden die Griff- und Tritthilfen einer Kletterwand montiert. Ist man oben, hat man
einen wundervollen Blick über das Pärkchen von Gronau.

36__ Urananreicherungsanlage
Angereicherter Protest

1985 ging die Urananreicherungsanlage Gronau in Betrieb. Hier wird im Gaszentrifugenverfahren Uranhexafluorid so angereichert, dass es in Kernkraftwerken verwendet werden kann. Sie ist die einzige Anlage für diesen Zweck in Deutschland. Ihre Kapazität reicht für die Versorgung von circa 30 AKWs, dreimal mehr als in Deutschland vorhanden sind. Da die deutschen Kernkraftwerke durch den Atomausstieg bis Ende 2022 als Abnehmer wegfallen, wird Gronau nur noch für den Export produzieren. Die Stadt lieferte auch Brennstoff für den Unglücksmeiler Fukushima.

Für die Anti-Atom-Bewegung ist diese Anlage so etwas wie die Nagelprobe: Als 2005 die rot-grüne Landesregierung den Ausbau der Anlage genehmigte, war dies ein Desaster für die Grünen in Nordrhein-Westfalen.

Noch immer finden regelmäßig kleine Protestaktionen statt, die zu besonderen Anlässen aufflammen. Solche Anlässe sind Atommülltransporte per Bahn von und nach Gronau, mit gelegentlich skurrilem Nachspiel: 2008 hatte sich die junge Französin Cécile Lecomte, ehemalige Meisterin im Sportklettern, hoch über einem Gleis bei Steinfurt zwischen zwei Bäumen angeseilt. Im nachfolgenden Prozess sah der Richter den Vorwurf der Nötigung als nicht gegeben an, weil laut Eisenbahnbetriebsordnung von 1904 (!) nur 4,80 Meter über den Gleisen frei zu halten waren.

Die Proteste gegen die Urananreicherungsanlage in Gronau haben sich nach dem Konsens zum Atomausstieg sogar noch verschärft, weil Kernkraftgegner es als inkonsequent ansehen, dass die Atomkraftwerke in Deutschland stillgelegt werden, hier aber für das Ausland weiterhin Brennstoffe produziert werden. Der Transport dieser Materialien berge zudem unverantwortliche Gefahren. Gronau ist eine unfreiwillige, für die Betreiber und die Stadt aber ausgesprochen lukrative Ikone der Auseinandersetzung um die Kernkraft in Deutschland.

Adresse Urenco, Röntgenstraße 4, 48599 Gronau, Tel. 02562/27110 | **Pkw** etwa
3,5 Kilometer außerhalb von Gronau, auf der L 510 Gronau Richtung Ochtrup verlassen,
links abbiegen in Max-Planck-Straße, stößt auf die Röntgenstraße | **Tipp** Der Drilandsee
im Länderdreieck Niedersachsen, Westfalen, Holland bietet Möglichkeiten für diverse
Freizeitaktivitäten wie Reiten, Schwimmen, Segeln.

37__Das Römerlager
Der lange Marsch ins Nichts

Wäre Varus nur in Haltern geblieben! Dort hatte er es gut, lebte in einem befestigten Standlager für über 5.000 Soldaten mit allen Annehmlichkeiten, die die römische Zivilisation zu bieten hatte: gute Ernährung, heiße Bäder und einen Platz für die Götter. Varus zog aber in Richtung Osten und verschwand mit drei Legionen in den Tiefen des Wiehengebirges.

Über einem Teil des damaligen Lagers erhebt sich heute das sonnendurchflutete Römermuseum. Man betritt es – zur Erinnerung an die Befestigung der Römerlager – über einen Graben hinweg. Drinnen lassen über 1.200 Exponate, die zum weitaus größten Teil vor Ort gefunden wurden, das Leben der Legionäre nachempfinden. Amphoren, Tongeschirr, Metallwerkzeuge und natürlich auch Waffen gehören zu den Alltagsgegenständen.

Gleich im Eingang stehen Figuren, die mit dem römischen Marschgepäck ausgestattet sind. Anfassen ist erlaubt, und so wird auch dem trekkingerfahrenen Besucher gleich klar, dass ein Marsch in römischer Ausrüstung schon rein gewichtsmäßig kein Zuckerschlecken oder bibere vinum (Weintrinken) war. Ein Zelt ist aufgebaut, ein Brunnenschacht rekonstruiert, und auch ein Massengrab kann besichtigt werden, in dem 24 Menschen und irgendjemandes Lieblingshund begraben liegen.

Am eindrucksvollsten ist vielleicht eine endlose Reihe von Playmobil-Römern. Über Vitrinen, Kabelschächte und Stege zieht sich die Kolonne im Zickzack durch den Ausstellungsraum. Es sind 15.000 Plastikmännchen, die mit Ochsen und Eseln auf 220 Metern Länge die Marschkolonne des Varus nachstellen, die sich 9 n. Chr. zwölf Kilometer weit durch den Teutoburger Wald gezogen hat. Bis sie bei Kalkriese nahe Osnabrück (so die Meinung der meisten Wissenschaftler) im Nichts verschwand. Hinweis: Die Playmobil-Männchen sind weit über Kopfhöhe aufgestellt, wer glaubt, er könne eines mitgehen lassen, hat sich getäuscht.

Adresse Römermuseum Haltern, Weseler Straße 100, 45721 Haltern am See, www.lwl-roemermuseum-haltern.de | **Pkw** A 43 Ausfahrt Haltern am See, von dort auf der B 58 circa 1,5 Kilometer Richtung Innenstadt | **ÖPNV** Bus 298 bis Haltestelle Römermuseum | **Öffnungszeiten** Di – Fr 9 – 17 Uhr, Sa, So und feiertags 10 – 18 Uhr, geschlossen 24., 25., 31.12. und 01.01. | **Tipp** Der Halterner Stausee über Hullerner Straße, Licht, Luft, Wasser sind gut nach einem Museumsbesuch, weil man dann meist das Gefühl hat, man braucht ein wenig Auslauf.

38 Der Hindu-Tempel
Göttin mit den liebenden Augen

Die Geschichte des Tempels in Hamm begann mit dem Bürgerkrieg auf Sri Lanka Mitte der 1980er Jahre. In der Folge kamen zahlreiche tamilische Flüchtlinge nach Deutschland, unter ihnen der Priester Siva Sri Arumugam Paskarakurukkal. Er gründete 1989 im Keller seiner Hammer Wohnung einen kleinen Andachtsraum, der aber schnell zu klein wurde für die vielen Gläubigen. Eine neue Unterkunft führte ebenfalls zu Unstimmigkeiten. Hamm war zu einem hinduistischen Zentrum mit großem Zulauf geworden, und der zweite Tempel lag in einem Wohngebiet.

Es folgten stürmische Bürgersitzungen (es ging wohl auch um die Frage, was geschieht, wenn eine Hindu-Prozession mit dem Umzug des Schützenvereins zusammenstößt?), aber das offizielle Hamm stand hinter der Hindu-Gemeinde. 2000 war das neue Quartier gefunden – in Hamm-Uentrop. Was eigentlich ein Industriegelände ist und daher für spirituelle Übungen eher wenig geeignet erscheint, aber das schien die Göttin Sri-Kamadchi-Ampal nicht zu stören. Im Gegenteil: Hamm ist ein Verkehrsknotenpunkt und damit gut erreichbar für Hindus aus Europa und aller Welt. Außerdem liegt der Tempel günstig am Datteln-Hamm-Kanal, und der bietet das Gewässer, das für die rituellen Waschungen unerlässlich ist.

Die indischen Tempelbauer fertigten ohne Vorlagen, nur aus der Erinnerung, 240 individuelle Götterfiguren. 2002 feierten 3.000 Gläubige die Einweihung mit einem großen Fest. Alljährlich findet im Mai/Juni ein 14 Tage dauerndes Tempelfest mit circa 20.000 Besuchern statt, bei dem die Göttin Kamadchi auf einem buntgeschmückten Wagen weiträumig den Tempel umrundet und die Stadt segnet. Dazu gehören ekstatische, von Trommeln begleitete Tänze und Kasteiungen, bei denen sich Gläubige Haken und Nägel durch die Haut stechen, erstaunlicherweise ohne zu bluten. Das Tempelfest ist ein Touristenmagnet, also haben alle gewonnen – Stadt und Hindu-Gemeinde.

Adresse Siegenbeckstraße 4–5, 59071 Hamm | **Pkw** auf der A 2 bis Ausfahrt 19 Hamm-Uentrop, rechts auf Dolberger Straße, links in die Dolberger Straße, weiter auf Zollstraße, links in die Siegenbeckstraße | **Tipp** Das Gustav-Lübcke-Museum in Hamm beherbergt auf 4.000 Quadratmetern die größten Ägyptensammlung zwischen Ruhrgebiet und Münsterland. Das Museum spannt einen Bogen von ägyptischen Mumien über die Archäologie der Stadtgeschichte bis zur aktuellen Kunst.

39 — Das Sandsteinmuseum

Der butterweiche Stein

Die Baumberge westlich von Münster sind nicht nur landschaftlich schön, sondern auch nützlich. Von hier kommt ein Sandstein, der besonders feinkörnig, weich und leicht zu bearbeiten und deshalb bei Bildhauern sehr beliebt ist. Aus dem Baumberger Sandstein lassen sich Skulpturen so filigran herausarbeiten wie aus keinem anderen Stein. »Marmor des Münsterlandes« wurde er genannt und war wegen seiner besonderen Qualität in ganz Norddeutschland bis ins Baltikum hinein bekannt.

Das Sandsteinmuseum ist in einem denkmalgeschützten Bauernhof untergekommen und eines von drei Museen im Münsterland, die rein durch Spenden finanziert werden. Steinmetz zu werden war in früheren Jahrhunderten ein wesentlicher Zuverdienst zur Landwirtschaft. Das Museum zeigt eine nachgebaute Werkstatt, wie es sie damals in den Steinbrüchen gab; mit Werkbank, Ofen und der unvermeidlichen Schnapsflasche. Man kann im Selbstversuch erproben, wie man sich als Steinmetz machen würde, und stellt schnell fest, dass Kunst aus Knochenarbeit entsteht.

Es werden natürlich auch zahlreiche Arbeiten gezeigt, die im Lauf der Jahrhunderte aus Baumberger Sandstein geschlagen wurden, darunter viele religiöse, aber auch säkulare Skulpturen, Wappen, Wandschmuck und ein schöner Kaminaufsatz nach Motiven einer griechischen Legende, die es Anfang des 18. Jahrhunderts dem Bauherrn erlaubte, nacktes Weibsvolk am Feuer tanzen zu lassen. Ein besonderes Kunstwerk ist der »Gottvater«, eine hockerhohe Figur von circa 1450 mit Krone und Reichsapfel, die Christus als Weltenrichter zeigt, mit hoch erhobenen Armen. Es wirkt, als würde das steife Zeremonialgewand die Bewegungsfreiheit des Weltenherrschers beeinträchtigen; so detailliert konnte nur Baumberger Sandstein ausgearbeitet werden. Ergänzt wird das Programm durch Sonderausstellungen zu stein-verwandten Themen aus anderen Regionen.

Adresse Baumberger Sandsteinmuseum, Gennerich 9, 48329 Havixbeck, www.sandsteinmuseum.de | Pkw A 1, Ausfahrt Münster-Nord, B 54 Richtung Altenberge, links in L 874, links L 550, K 1 Schulten Kamp, links in Gennerich | Öffnungszeiten April−Sept. Di−So 11−18 Uhr, Okt.−März 13−18 Uhr | Tipp Es gibt ein reich verziertes gotisches »Poppenbecker Kreuz« aus dem örtlichen Sandstein im Ortsteil Poppenbeck, nordseitig nahe der Straße im Bereich der Bushaltestelle Poppenbeck.

40_ Café Wachtmeisterhaus
Gartenklänge

Ende der 80er Jahre wurde die Bauernschaft Wext, die zum Ort Nienborg gehört, schlagartig berühmt, als Archäologen Hinweise auf eine Besiedlung dieser Gegend schon weit vor Christi Geburt fanden. Der Münsterländer ist also ein alter, über Jahrtausende erprobter Menschenschlag.

Besser als alte Feuerstellen sind die Reste der Neuen Burg zu sehen, die dem Ort den Namen gab. Von der einst gewaltigen Wehranlage sind drei der Burgmännerhäuser übrig geblieben. Eines davon ist das Hohe Haus, ein Renaissancebau mit Dreistaffelgiebeln und Muschelaufsätzen auf den Mauerkanten rechts und links. Dort geht man gleich nach ganz unten, oben ist nämlich »privat« für die Erben, da kann man nicht hinein. Also geht es in den Keller, was nach einer langen Radtour den Muskeln ohnehin zuträglicher ist, in das Tonnengewölbe des Cafés, wo es einem heimlig wird wie den »alten Rittersleut«. Der Keller sieht schon wegen der halbrunden Decke und der kleinen Fenster aus wie eine Nibelungenfilm-Kulisse, und dazu passt die geheimnisvolle, gewundene Treppe nach oben, die man aber nicht betreten kann.

Man könnte sich aber, wenn die radfahrmalträtierten Beinmuskeln nicht mehr mitmachen, nebenan in das sogenannte Wachtmeisterhaus einmieten. Der historische Fachwerkbau, der state-of-the-art renoviert wurde, steht unterhalb des Renaissancebaus. Hier kann man übernachten, sofern man sich sozial verträglich benimmt, weil Teeküche und Wintergarten von mehreren Mietparteien, die nach dem Radfahren alle sozial verträglich duschen müssen, genutzt werden. Wer Ruhe braucht, ergeht sich im Garten.

Nebenan übt in einem anderen Rest der Neuen Burg die Landesmusikakademie Nordrhein-Westfalen. In ihrem Garten stehen Klangskulpturen, die durch Wind, Wasser oder menschliche Aktivität zum Klingen gebracht werden. Was ausgesprochen gut zur Stimmung der Landschaft und des Ortes passt.

Adresse Wachtmeisterhaus zu Burg Hohes Haus, Burg 18, 48619 Heek-Nienborg, Tel. 02568/5701154, www.wachtmeisterhaus.de | **Pkw** A 31, Ausfahrt Heek, über L 573 nordöstlich Richtung Nienborg, Hauptstraße, dann links in die Straße Burg | **Öffnungszeiten** Do–Sa 14–19 Uhr, So 11–19 Uhr | **Tipp** Das Fahrrad sollte man stehen lassen und einmal durch den Ort Nienborg mit seinem beeindruckenden alten Tor und dem schönen Ortskern schlendern.

41 Die Düwelsteene
Dem Bösen wurd's zu viel

Man nimmt, was man hat: Die Teufelssteine (Plattdeutsch und im Volksmund: Düwelsteene) haben es in das Wappen des Ortes Heiden geschafft, vielleicht, weil hier sonst nicht so enorm viel los ist. Die Düwelsteene liegen tief im Wald. Man läuft lange und begegnet vielen Heiden mit ihren Hunden, bis man die Felsen gefunden hat. Wissenschaftlich gesehen sind sie die südwestlichste Megalithanlage der Trichterbecherkultur. Man sagt gern, die Düwelsteene seien möglicherweise 4.000 Jahre alt.

In der Jungsteinzeit begann der Münsterländer mit Ackerbau und Viehzucht sowie mit dem Trinken aus verzierten Bechern – es müsste mit dem Teufel zugehen, wenn in diesen Bechern nicht Bier gewesen ist. Historisch betrachtet sind die Düwelsteene ein Gang- oder Hünengrab aus eiszeitlichen Findlingen. Es ist etwa 11,5 Meter lang und zwei Meter breit. Die Anlage war ursprünglich von einem Erdhügel bedeckt, der mit einem Steinkranz eingefasst war.

Zeitgenössisch betrachtet sind die Düwelsteene ein beliebter Ausflugsort, an dem Kinder spielen und Picknick halten. Ungefähr dort, wo einstmals die Toten gelegen haben mögen, wächst heute ein Baum, der von den Kleinen leicht zu erklimmen ist. Dass die Teufelssteine in einem Ort namens Heiden liegen, gibt naturgemäß zu hübschen Scherzen Anlass. Und die Heiden wussten das Teufelswerk zu schätzen – noch im 18. Jahrhundert wälzten sie Steine heran, um die Lücken zu schließen und der Anlage Geschlossenheit zu verleihen.

In früheren Zeiten griff das Volk, wenn es sich etwas nicht erklären konnte, gern auf die Vermutung zurück, hier habe Satan gewirkt, denn damals war der Gottseibeiuns eine sehr reale Figur und nicht nur ein theologischer Lückenfüller. Heute zeigen sich die Kinder bei ihrem Picknick jedenfalls sehr erfreut darüber, dass Luzifer ihnen eine Kletteranlage in den tiefen Wald gebaut hat. Mit der Totenruhe ist es natürlich vorbei.

Adresse 46359 Heiden | **Pkw** A 31, Ausfahrt Borken, Velener Straße L 829, links Salteweg /
Düwelsteensweg, dann circa 600 Meter den Düwelsteensweg hinunter, circa 3,5 Kilometer
vom Ortskern entfernt | **Tipp** Im Ortskern Heiden liegt der »Brunnen der Verständigung«.

42 Kloster Gravenhorst

Nonnenleben im Kunstraum

Das Kunsthaus Kloster Gravenhorst ist zweierlei: das Denkmal eines ehemaligen Zisterzienserinnenklosters und ein Atelier, in dem zeitgenössische Kunst entsteht. Das Klostergebäude mit dem markanten dreistufigen Giebel steht, umgeben von Gräften (Wassergräben), auf einer weiten Rasenfläche. Im Inneren sind die Räume ebenso weit und licht, sodass das gesamte Ensemble den Eindruck vermittelt, hier sei alles möglich. Die Vergangenheit des Hauses wird in Führungen lebendig, in denen eine Schauspielerin zum Beispiel als Dienstmagd oder Nonne ins Hochmittelalter zurückführt oder zeigt, wie frau damals »Askese mit Wildschwein verbinden« konnte. Bautechnik und Bauformen des Mittelalters werden ebenso erläutert wie die damals schon hoch entwickelte Kunst, Wasser einzusetzen – zur Ernährung, Müllentsorgung, Toilettenspülung.

Für die Moderne bietet das Haus eine Schnittstelle zwischen Licht-, Klang- und Medienkunst, an der internationale Künstlerinnen und Künstler arbeiten. Klingt ein wenig esoterisch-international, aber die Künstler wenden sich an die Menschen der Region. In dem Projekt »Der leuchtende Garten« wurden im Gespräch mit Hörsteler Vorgartenbesitzern ortsansässige Pflanzen zu den Akteuren eines Schattentheaters.

In einem anderen Projekt wurde der Raum selbst zur Bühne, auf der Besucher wie Objekte auf- und abtreten. Das Kloster greift damit die Tradition der Nonnen auf, die ihren Ort mit Kunst und Kultur verbanden, indem sie schon in der Mitte des 18. Jahrhunderts eine überkonfessionelle Schule einrichteten. Im Freien kann man sich in einem Labyrinth verlaufen oder dem »Nonnenpättken« folgen, dem historischen Fluchtweg verängstigter »Nönneken« in die (befestigte) Stadt Beverungen, der natürlich ebenfalls schon zum Kunstobjekt wurde. Für den, der nach dem Erlebnis herausfordernder Kunst eine Pause braucht – es gibt ein Café und einen wunderbar dichten, fast verwunschenen Landschaftspark.

Adresse Klosterstraße 10, 48477 Hörstel, Tel. 05459/9146-0, da-kunsthaus@kreis-steinfurt.de | **Pkw** A 30, Ausfahrt Ibbenbüren-West, nördlich auf K 6 Sankt-Josef-Straße, links in L 594 Gravenhorster Straße, dann Friedrich-Wilhelm-Straße, links auf das Kloster-gelände | **Öffnungszeiten** Di–Sa 14–18 Uhr, So und Feiertage 11–18 Uhr | **Tipp** In Dickenberg, einem Ortsteil von Ibbenbüren, gibt es zahlreiche ehemalige Steinbrüche mit Abraumhalden, die ein Rückzugsgebiet für seltene Tier- und Pflanzenarten sind.

43__ Der Torfmoorsee

Drei Meter – da lebt es!

Noch gilt er als Geheimtipp, der Torfmoorsee bei Hörstel, dicht am Dortmund-Ems-Kanal. Er ist ein etwa 24 Hektar großer ehemaliger Baggersee und liegt inmitten des 57 Hektar großen Naherholungsgebietes Torfmoor. Der See entstand, als zwischen Ende der 1970er und Anfang der 1980er Jahre für den Bau eines neuen Abschnitts der Autobahn A 30 Sand benötigt wurde. Die Bagger hinterließen ein Loch von 800 Meter Länge und 600 Meter Breite.

Der Weg zum Wasser führt vom Parkplatz mit volksfreundlichen Gebühren an einem Kinderbecken vorbei zu Sandstrand und Liegewiese. Das Kinderbecken ist flacher als der See und liegt, vermutlich aus akustischen Gründen, etwas abseits vom Erwachsenenstrand. Zu den öffentlichen Anlagen gehören ein kleiner Kiosk und die Wachstationen der DLRG Hörstel sowie des DRK, die in der Badesaison von April bis Oktober besetzt sind. Am Steg liegen die Boote eines Segelvereins, und auch Taucher schätzen das Gewässer: Mit Ausnahme einer Fischlaichzone sind Baden und Tauchen im gesamten See erlaubt. Allerdings weisen Warnschilder darauf hin, dass die Wassertiefe bis 20 Meter reicht und es Strömungen gibt – schlecht für Schwimmer, gut für Taucher. Tauchführer empfehlen die Bewegung in circa drei Metern Tiefe, denn: »Da lebt es!« – was auch immer.

In direkter Nachbarschaft wurde im Jahre 1980 ein Feuchtbiotop angelegt, das nicht betreten werden darf, sowie ein 70.000 Quadratmeter großer Wald. Der See lässt sich auf einem etwa 2,5 Kilometer langen Wanderweg umrunden, der mit einem Wald- und einem geologischen Lehrpfad gekoppelt ist. Man kann also am Torfmoorsee auch nach dem Ende der Badesaison die Natur genießen – wenn nicht gerade die jugendlichen Nachwuchskräfte im Seglerheim versuchen, der Ruhe durch harte Rhythmen aus dem Ghettoblaster zu entkommen. Aber man darf sich nicht beklagen, dies ist schließlich ein Naherholungsgebiet für fast jeden Geschmack.

Adresse 48477 Hörstel | **Pkw** A 30, Abfahrt Ibbenbüren, dann südlich auf B 219; Anfahrt aus Richtung Münster / Greven nördlich auf der B 219 nach Ibbenbüren, hinter Dörenthe abbiegen nach Riesenbeck, durch Riesenbeck hindurch in Richtung Hörstel, in Bevergern-Ortsmitte rechts ab zum Torfmoorsee (beschildert) | **Tipp** Der Ortsteil Bevergern hat eine sehr schöne Altstadt mit Fachwerkhäusern und Kopfsteinpflastergassen. Auf dem Dorfplatz sind die Umrisse der 1680 zerstörten Burg Bevergern angedeutet.

44 Schleuse Bevergern
Kanalidyll

Das sogenannte »Nasse Dreieck« ist der Knotenpunkt, an dem der Mittellandkanal vom Dortmund-Ems-Kanal abzweigt. Anschließend durchquert er in der Gravenhorster Schlucht den Teutoburger Wald. Das Dreieck ist ein Industriedenkmal mit erstaunlich idyllischen Anmutungen. Die Wasserfläche ist breit wie ein Fluss, die Kanalufer sind stark bewaldet und steigen fast dramatisch in die Höhe. Tom Sawyer und Huck Finn würden sich hier wohlfühlen.

1915 wurde nach neun Jahren Bauzeit die Strecke von Bevergern nach Minden und ein Jahr später die Verlängerung von Minden nach Hannover eröffnet. Heute blickt man an dieser Stelle auf etliche Gebäude, die in den nachfolgenden Jahrzehnten entstanden. Hier gab es sogar bis in die 60er Jahre ein Internat für die Kinder der Kanalschiffer. Noch heute existiert das Restaurant, das schon 1902 für die Arbeiter am Dortmund-Ems-Kanal errichtet wurde.

Auf einer Halbinsel zwischen Kanal und Schleuse ist der »Botschaftspark« der Stadt Hörstel entstanden. In einem lang gestreckten Metallkörper wird symbolisch das Motiv der Schleuse verarbeitet, wie man sie direkt daneben im Original sehen kann. Auf dem »Grund« der Symbol-Schleuse kann man an Bildern entlanggehen, die die Geschichte des Bauwerks erzählen. Ein roter Container an der Spitze der Schleusenhalbinsel ist zugleich Aussichtspunkt und Wahrzeichen.

Wendet man sich um, kann man der alten Schleuse zu einem toten Arm des Dortmund-Ems-Kanals folgen, der allmählich verwildert und zuwuchert. Überspannt wird er von der Fußgängerbrücke »Bevergerner Steg«, einer geschmückten Eisenkonstruktion aus dem Jahr 1913 von leichter Eleganz. Das »Nasse Dreieck« ist ein schöner Ort, ein Aufenthaltsort mit einer Mischung aus Industriegeschichte und Naturromantik. Er liegt im Schnittpunkt mehrerer Rad- und Wanderwege, ist also leicht zu erreichen. Am schönsten vielleicht mit dem Kajak.

Adresse Restaurant Am Nassen Dreieck, Am Hafen 15, 48477 Hörstel-Riesenbeck | **Pkw** von Hörstel über L 833, die A 30 unterqueren, dann links in Huckbergstraße; von Bevergern über L 833, dann rechts in Huckbergstraße | **ÖPNV** Station Bergeshövede R 63 Ibbenbüren | **Tipp** Am südlichen Hang des Riesenbecker Berges liegt der Platz »Schöne Aussicht«. Auf einer Höhe von 116 Metern über NN kann man in das Münsterland blicken. Gut zu erkennen ist die Flächigkeit der Münsterländer Parklandschaft.

45 Die Leerbach-Quelle

Waldeinsamkeit

Der Leerbach, ein Nebenflüsschen der Steinfurter Aa, gilt als naturgeschichtlich und kulturhistorisch besonderes Kleinod im Münsterland. Biegt man in dem Örtchen Leer bei Horstmar von der Hauptstraße ab und fährt in den Wald, durch Felder und Haine, vorbei an einer Mühle, hat man für Momente das Gefühl, man fahre durch ein Tolkien'sches Auenland. Immer am Bach entlang, erreicht der Besucher nach einiger Zeit einen Platz, der von einem hilfsbedürftigen Lattenzaun geschützt wird. Ein Mühlstein liegt flach auf dem Boden, in der Nähe befindet sich eine Sitzgruppe mit einem Tisch und zwei Bänken, perfekt für ein Picknick. Im Hintergrund plätschert in einer Senke die Quelle.

Die Quellnische, ein kleiner Kessel, hat einen Durchmesser von acht bis zehn Metern und wird aus bis zu 14 Quellen gespeist, sodass der Bach gleich nach den ersten Metern eine kräftige Strömung entwickelt. Während des gesamten Jahres hat das Wasser eine mittlere Temperatur von acht bis elf Grad. Darauf haben sich die Pflanzen und Tiere, die hier leben, eingerichtet. Eine so zuverlässig fließende Quelle hatte für die Siedlungsgeschichte eine besondere Bedeutung, weil sie die Wasserversorgung sicherstellte und die Energie für die Mühlen lieferte. Aber der Ort ist nicht nur zweckmäßig, vor allem ist er schön.

Der Bach liegt am Boden eines kleinen Tals von der Art, wie sie im 19. Jahrhundert gern als »Wolfsschlucht« in romantische Parklandschaften eingefügt wurden. Er ist von einer so idyllischen Beschaffenheit, dass man hier, unter dem dichten Laubdach der Bäume, umgeben von Feldern, das Murmeln des Baches im Ohr, stundenlang auf dem Mühlstein sitzen könnte und absichtslos vor sich hin-»denkeln« (Kurt Tucholsky).

Bei jedem Wetter, bei jeder Stimmung. Die Leerbachquelle gilt zu Recht als eines der schönsten und bedeutendsten Naturdenkmäler in Deutschland.

Adresse 48612 Horstmar-Leer | **Pkw** A 31, Ausfahrt Heek, Ahauser Landstraße B 70, dann L 579 Richtung Schöppingen, vor Schöppingen links auf L 570 nach Leer, von der Dorfstraße L 570 nach links in den Naher Weg und immer weiter, circa 2 Kilometer | **Tipp** Der rechteckige Grundriss der Altstadt Horstmars erinnert an eine römische Siedlung, ist es aber wohl nicht. Ein Rundgang lohnt besonders wegen der schönen »Burgmannshöfe«, die früher der Verteidigung dienten.

46 Die Dörenther Klippen
Und ewig hockt das Weib

Das Hockende Weib, eine Gesteinsfigur, die die lang gezogene Formation der Dörenther Klippen überragt, ist der Fujiyama von Ibbenbüren. Hunderte, Tausende von Pilgern steigen im Verlauf eines Jahres hierherauf, sodass am Ende die Wurzelstöcke der Kiefern frei getreten sind wie Treppenstufen. Wie man an den zerschlagenen Bierflaschen sehen kann, neigen einige der Pilger dazu, hier Trankopfer darzubringen oder sich zu feiern.

Obwohl man so nicht mit einem Naturschutzgebiet umgehen sollte, kann man es den Leuten nicht verdenken: Im Gewirr dieser waldbestandenen Klippen erlebt der Münsterländer ein berauschendes Alpin-Gefühl, mit dem er hier schweißtreibende Höhen erwandern und richtige Felsen (Sandstein) erklettern kann. Immerhin wird dem Alpinisten ein vier Kilometer langer Höhenzug geboten, der bis zu unfassbaren 160 Metern aufsteigt.

Das ist nichts für einen Schweizer, aber gewaltig für einen Flachlandbewohner. Es sind Schilder aufgestellt, die Deutsche und Holländer darauf hinweisen, dass sie sich in Todesgefahr befinden am Hockenden Weib. Aber zum Lohn für ihre Mühsal haben die Kühnsten unter ihnen, die es bis oben aufs Weib geschafft haben, einen hinreißenden Blick nach Westen über das Münsterland, aus dem kleine Kirchtürme und hohe Windräder aufragen. Man nennt die Dörenther Klippen auch den Balkon des Münsterlandes. Daher wohl auch die Bierorgien, wie man sie von den Balkons der Stadtrandsiedlungen kennt.

Für die Empfindsameren stellt sich mit etwas Glück in der Stille der Abendzeit eine Stimmung ein, wie sie Caspar David Friedrich mit seinen Klippenbildern von Rügen eingefangen hat – leider haben die Dörenther Klippen nie einen Romantiker gefunden, der sie gemalt hätte. Vielleicht neigt der Münsterländer auch nicht zu so gefühlshaltigen Bildern. Aber sitzen, Bier trinken und sein Land genießen – das kann er schon.

Adresse Ausgangspunkt an der B 219 bei 49479 Ibbenbüren | **Pkw** Die Dörenther Klippen liegen im Süden von Ibbenbüren im Teutoburger Wald direkt an dem überregionalen Wanderweg »Hermannsweg« und sind vom Wanderparkplatz Dörenther Klippen (an der B 219) in 15 bis 20 Minuten zu erreichen. | **Tipp** Wenn das Höhenwandern nicht reicht, geht's in den Kletterwald Ibbenbüren auf uralte (und daher wohl stabile) Laubbäume mit Netzbrücken, Bohlen, Schaukeln, Seilbahnen, Surfbrettern und Tarzan-Sprüngen.

47 — NaturaGart Unterwasserpark
Tauchen im Münsterländer Becken

Dass man im Münsterländer Becken zwischen »antiken« Ruinen tauchen kann, ist eine Idee von Norbert Jorek. Er hatte Biologie studiert und reichlich über biologische Themen gelesen und geschrieben, bis er ein spannenderes Betätigungsfeld fand. Heute betreibt Jorek einen Botanischen Garten, der gleich mehrere Aufgaben erfüllt: Hier werden Teichbauer beraten und finden die Hilfsmittel, die sie brauchen. Dazu wird ihnen an zahlreichen Teichen vorgeführt, was technisch möglich ist.

Um zu demonstrieren, was man mit Folien im Teichbau leisten kann, wurde ein ausgedehnter Unterwasserpark eingerichtet. Er ist so groß, dass bis zu 150 Taucher gleichzeitig die künstlichen Höhlen entdecken können, an Steilwänden entlang, vorbei an einem eigens versenkten Wrack und an Tempelanlagen, deren Volumen so groß ist wie das von drei Einfamilienhäusern. Pflanzen wurden in die Unterwasserwelt eingesetzt, Lichteffekte naturgetreu nachgeahmt.

All dies dient dem Vergnügen der Taucher, vor allem aber auch den Machern: NaturaGart ist mit 140.000 Quadratmetern ein Freilandlabor, in dem mit immer neuen Techniken und Pflanzen experimentiert wird. In einem Aquarium schwimmen 40 Störe gemächlich durch ihre Becken in kristallklarem Wasser – ein Triumph der Filtertechnik. Natürlich gehört auch eine Gärtnerei zu der Anlage.

Die Philosophie hinter alldem ist, dass der Kunde dasjenige Produkt vorzieht, bei dem er gesehen hat, dass es funktioniert oder blüht oder schön aussieht. Wenn man so will, ist der Garten ein begehbarer Katalog. Wer unsicher ist, kann sich in Seminaren in Teichbau, Pflanzenbiologie und Gewässerkunde schulen lassen. Man kommt aber nicht nur zum Lernen hierher: Der ganze Park ist ein familientaugliches Erholungs- und Freizeitgelände. Der Besucher kann flanieren und eine facettenreiche Wasserlandschaft genießen, oder er lässt sich mit Flossen und Flasche ins Becken fallen.

Adresse NaturaGart, Riesenbecker Straße 63, 49479 Ibbenbüren-Dörenthe, Tel. 05451 / 59340, www.naturagart.com, Tauchbasis Tel. 05451 / 5934621, tauchbasis@unterwasser-park.com | **Pkw** A 30, Abfahrt Ibbenbüren, im Kreisel Richtung Dörenther Klippen, über den Kamm des Teutoburger Waldes, danach Beschilderung folgen; A 1, Abfahrt Lengerich, Richtung Dörenthe, dann rechts, dann ist ausgeschildert | **Öffnungszeiten** täglich von Sonnenaufgang bis Sonnenuntergang | **Tipp** Das Motorradmuseum Ibbenbüren bietet 170 Ausstellungsstücke, technische Erläuterungen und ist ein Mekka für Zweirad-Enthusiasten (April–Okt. Sa 14–18 Uhr, So und Feiertage 10–18 Uhr).

48__ Kreiselkunst-Route

Links um die Kunst herum

Kommt man von der Abfahrt Ibbenbüren-West, vermutlich mit leicht überhöhter Geschwindigkeit, trifft man auf einen der weitverbreiteten Kreisverkehre. In der Mitte ein Sandsteinsockel, kleine Bäume und ein gewaltiger leuchtend bunter Stern. Der Fuß steigt auf die Bremse, dann wird eine Ehrenrunde zur genauen Betrachtung gekreiselt. Später stellt sich heraus: Es ist der »Stern von Schierloh« (Ortsteil von Ibbenbühren). Der »Stern« gehört zu einer Kunst-Kreisel-Route, die gedacht ist als »kreiselnde Verbindung des ländlichen Raumes«. Rund um Ibbenbüren sind ungefähr 25 Kreisel gestaltet worden. Da steht bei Mettingen eine buchsbaumumrankte Steinskulptur und sieht ein bisschen aus wie ein Kriegerdenkmal. Ganz anders bei Laggenbeck – hier prangt eine überdimensionale Kuh im Rosenschmuck. Und an der Autobahnabfahrt Ibbenbüren-Mitte dreht sich sinnigerweise ein quietschbunter Riesenkreisel im Kreisel.

Die »Kunstkreisel-Route« ist ein europäisches Projekt, mit dem zwei Ziele verfolgt werden: Zum einen soll der Kreis Steinfurt touristisch-automobilistisch aufgehübscht werden. Zum anderen geht es darum, eine breite Mitwirkung von Kindern und Jugendlichen aus den teilnehmenden Orten, aber auch von europäischen Partnerinstitutionen zu erreichen. Dabei machen nicht nur Jugendliche aus Meck-Pomm mit, sondern auch aus Litauen und England. Denn die Skulptur soll einerseits der Kunst dienen, andererseits aber auch der sozialen Entwicklung der »Künstler«, die mit ihren Objekten »soziale Skulpturen« erschaffen, sagen die Initiatoren. Vor allem Jugendliche mit Migrationshintergrund sind angesprochen. Und damit das Ganze nicht nur eine Eintagsfliege ist, sind die Kunstwerke temporäre Arbeiten. So wird leider auch der »Stern von Schierloh« im Rhythmus der Jahreszeiten durch andere Arbeiten ersetzt werden. Schade und schön zugleich, denn so lohnt es sich, mehrmals im Jahr die Route abzufahren.

Adresse zum Beispiel Gravenhorster Straße, 49479 Ibbenbüren-Schierloh, www.kunstkreisel-route.de, www.kajawest.de | **Pkw** A 30, Ausfahrt Ibbenbüren-West, dann auf der K 6 Sankt-Josef-Straße circa 800 Meter nach Norden; aus Westen über die L 594 Gravenhorster Straße Richtung Ibbenbüren, dann Kreisverkehr an Kreuzung mit K 6 Sankt-Josef-Straße | **Tipp** Für die, die es nicht auf der Höhe der Dörenther Klippen aushalten, gibt es die Sommer-Rodelbahn Ibbenbüren mit Märchenwald, Zwergen und Elfen und einer begehbaren Höhle.

49 Archehof Büning

Lekker Buntes Schwein

Man muss sich durchfragen, so einfach ist der Hof in der Umgebung von Laer nicht zu finden, obwohl er groß genug ist. Am Ende einer langen Zufahrt liegt er inmitten von Wiesen. Man wird begrüßt vom Hofhund, aber die Warnung lautet: Nicht streicheln! – Sonst wird man ihn nicht mehr los. Dann der Rundgang über den Hof. In verschiedenen Gattern drinnen und draußen tummeln sich, nach Altersgruppen getrennt, die Bunten Bentheimer, immer auf der Suche nach etwas zu knabbern.

Mitte des 19. Jahrhunderts hatte man begonnen, durch Einkreuzungen aus England die heimische Schweinerasse aufzuwerten. Heraus kam dabei das Bunte Bentheimer Schwein: fruchtbar, genügsam und stressresistent. Und es lieferte ein Produkt von herausragender Qualität. Eine Speckschicht schützt das Fleisch und sorgt für guten Geschmack. Mit dem Wirtschaftswunder änderte sich die Haltung der Verbraucher: Sie aßen häufiger und mehr Fleisch, dieses sollte dafür aber mager sein. Das war beinahe das Ende des Bunten Bentheimer. In den 1990er Jahren war praktisch der gesamte Bestand auf einem Hof konzentriert.

Weil der Verbraucher neu nachgedacht hat und wieder regionale Produkte schätzt, die nicht aus der Massentierhaltung stammen, hat das Bentheimer auf dem Archehof von Martin und Maria Büning wieder eine Chance. Der Speck sorgt dafür, dass bei der Wurstherstellung kein zusätzliches Fett zugeführt werden muss, und er verschafft dem Braten einen kräftigen Geschmack. Der luftgetrocknete Knochenschinken vom Naturlandhof wurde von Öko-Test mit »sehr gut« benotet, was für artgerechte Haltung spricht. Was auch der Hofhund zu schätzen weiß: Weil der Besucher ihn vernachlässigt, wendet er sich den zuverlässigen Schweinen zu. Er legt sich ans Gatter und ruckelt sich genüsslich zurecht. Sofort kommen drei oder vier Bunte und beginnen, ihm mit sanften Bissen den Rücken zu massieren. Hund und Schwein sind glücklich.

Adresse Arche- und Naturlandhof Büning, Borghorster Straße 67, 48366 Laer, Tel. 02554/8620, www.naturlandhof-buening.de | **Pkw** A 31, Ausfahrt Heek, Ahauser Landstraße B 70, dann L 579 über Schöppingen und Horstmar bis Laer, im Ortskern links auf die Borghorster Straße, nach circa 2 Kilometern auf der rechten Seite | **Öffnungszeiten** Hofführungen zu unterschiedlichen Themen sind möglich. Die Produkte gibt es auf dem Markt in Münster oder im Onlineshop. | **Tipp** Im westlichen Gemeindeteil von Laer (Borgweg) lag die Oldenborg. Die frühmittelalterliche Anlage war eine der bedeutendsten Wallburgen im nordwestdeutschen Raum. Die Burgstelle ist heute ein Bodendenkmal.

50 Der älteste Fachwerkraum in Nordwestdeutschland

Krumme Balken

Asbeck ist ein lauschig-verwunschener Vorort von Legden (sprich: Lechden). Der Besucher trödelt herein über krumme Straßen und findet sich plötzlich in einem idyllischen Ortskern, der früher einmal das Zentrum von Stift und Kloster Asbeck war. Man schlendert weiter und betritt das Antiquitätengeschäft »Im Kreuzgang« im Haus van Wüllen. Vorbei an alten, sorgfältig restaurierten Möbeln geht es die Treppe hinauf. Dort oben steht der Besucher im ältesten Fachwerkraum Nordwestdeutschlands. Die Dielen und Balken sind nachweislich 1340 gelegt worden. Im Nebenraum ruht auf den gleichen Dielen ein Tresor, was beruhigend demonstriert, dass der Boden noch tragfähig ist.

Im Lauf der Jahrhunderte haben sich die Balken verzogen und vermitteln dem Besucher das Gefühl, er stünde auf einem schwankenden Schiff. Er sieht Fachwerk, weiß verputzte Ausfächerungen und ein Kreuz. Das Haus van Wüllen ist der ehemalige Wohnbereich der Äbtissin des Damenstifts Asbeck. In einem Stift wurden adelige Damen entsorgt, die keinen Mann abbekamen, ihn schon verloren hatten oder sonst wie in der Erbfolge lästig waren. Sie lebten in ihrem eigenen Haushalt mit eigenen Dienern. Ernährt wurden sie vom Stift. Änderten sich ihre Pläne oder Vorlieben, so konnte die Kanonisse problemlos die Einrichtung verlassen. Therese von Zandt zum Beispiel, Beethovens Geliebte, hätte nach Lust und Laune aus Asbeck zu ihrem Komponisten zurückkehren können, blieb aber im Stift.

Auflagen hatten die Damen nur wenige – in Asbeck wurden sie angehalten, für die Stifterfamilien zu beten, und zwar auf ewig! 1805 wurde das Stift aufgelöst, was die Ewigkeit der Gebete denn doch überraschend begrenzte. Das Konzept, dass Frauen gut versorgt nach eigenem Gusto leben können, gilt aber immer noch als attraktiv.

Adresse Waltraut van Wüllen, Stiftsstraße 6, 48739 Legden-Asbeck, Tel. 02566/1231, www.im-kreuzgang.de | **Pkw** A 31, Ausfahrt Legden, L 474 nach Legden, links in die Hauptstraße, dann Asbecker Straße K 29, in Asbeck rechts ab und 2. links | **Öffnungs- zeiten** Mo 14−18.30 Uhr, Di−Fr 9.30−12.30 und 14−18.30 Uhr, Sa 9.30−16 Uhr, So 14−18 Uhr | **Tipp** Das Dormitorium im Stift Asbeck ist das älteste romanische Profan- gebäude der Region. Das Gebäude stammt aus der Zeit um 1200 und ist heute Aus- stellungsraum.

51 Die Ofensammlung
Heiße Bleche

Wie das so ist: Wenn einer anfängt zu sammeln und diese Leidenschaft mit der peniblen Haltung eines Lehrers verbindet, dann wächst ihm die Kollektion bald über den Kopf. Herr Hoffmeister war ein Grundschullehrer, der über das Unterrichtsthema »Feuer« auf die Idee kam, Öfen zu sammeln. Und weil es so viele wurden, fand die Feuerstättensammlung Hoffmeister in den beiden Torhäusern von Asbeck eine Unterkunft.

Die Kollektion besteht aus 150 Exponaten, zurzeit werden in den vom Heimatverein versorgten Räumen 100 von ihnen ausgestellt. Sie schildern die Geschichte der Bändigung des Feuers, angefangen von seiner einfachsten Form, einem 250 Jahre alten Sandsteinofen mit zwei Feuerstellen, bis hin zur modernen Kochmaschine. Man sieht, wie im Verlauf der Geschichte die Herde immer größer, breiter, funktionaler und effizienter wurden. Aber mehr noch als eine Technikgeschichte zeigt die Sammlung die emotionale Bedeutung, die Herde und Öfen für die Menschen hatten – alle Stilrichtungen der Kunstgeschichte findet man in den aufwendigen Verzierungen wieder, vom Burgofen der Romantik bis hin zu einem spacigen Heizmöbel aus den raumfahrtbegeisterten 50er Jahren.

Ein Ofen war nie einfach nur ein Gegenstand, der heizt. Die offene Kochstelle oder der Schmuckofen waren über lange Monate des Jahres der Lebensmittelpunkt in der Wohnung. Man ahnt mit Wehmut, was uns an Lebensqualität verloren gegangen ist, weil wir nur noch flächige Zentralheizungskörper verwenden und keinen Platz mehr haben für einen Prunkofen, der aus einem bürgerlichen Raum eine mondäne Halle macht. Andererseits demonstriert eine Führung durch die Feuerstätten auch Sozialgeschichte: Kinder mussten die filigranen Durchbrechungen an den Ofentüren ausfeilen, die für Erwachsenenhände zu fein waren. Häftlinge waren ihren Wärtern ausgeliefert, die vom Flur aus den Zellenofen mit Brennstoff versorgten – oder eben nicht.

Adresse Ofenmuseum, Brückenstraße, 48739 Legden-Asbeck, www.ofenmuseum.de (www.heimatverein-asbeck.de für Führungen) | **Pkw** A 31, Ausfahrt Legden, L 474 nach Legden, links in die Hauptstraße, dann Asbecker Straße K 29, in Asbeck rechts ab und 2. links, im Ortskern auf der rechten Seite, großer Torbau | **Öffnungszeiten** Geführte Besichtigungen zu jeder Tages- und Nachtzeit (!) nach Vereinbarung unter Tel. 02566/ 909419 | **Tipp** Dorf Münsterland, Haidkamp 1, ist beeindruckend durch seine Parkplätze. Es ist eine gigantische Partyanlage, eine Art Dschungelcamp für Spaßwütige und gilt als tinnitusträchtig.

52 Burg Vischering

Der feuchte Traum im Münsterland

Burg Vischering hat eine besondere Bedeutung für das Münsterland, weil sie mit ihrer großen Wasserfläche, den dicken Mauern und Wehranlagen gleichsam die Mutter der westfälischen Wasserburgen ist. In ihr verkörpert sich auch ein Grundempfinden, wie es charakteristisch ist für die Seele des Münsterländers: Man sollte auf einer Wasserburg leben! Einzig diese Wohnform passt zum hiesigen Menschenschlag.

Die Herren auf Burg Vischering hatten ihren Feinden eine machtvolle Festung entgegenzusetzen. Schon die Vorburg wird von einer soliden Batterie von sechs Geschützlöchern gesichert. Der einzige Zugang von der Vor- zur Hauptburg erfolgt heute über eine hölzerne Brücke, die leider die Zugbrücke von früher ersetzt hat. Die Hauptburg, ein massiver grauer Steinbau, ist von einer breiten Gräfte (Wassergraben) umzogen, die sich ohne Boot nicht überqueren lässt.

In einem offenen Halbrund ist das Burghaus errichtet, überragt von einem schlanken Turm. Solcherlei Bauweise war vermutlich vonnöten, weil die Welt da draußen den Burgherren wirklich feindlich gesonnen war – aber mal ehrlich: Wollen wir nicht alle manchmal eine Zugbrücke und dicke Mauern, hinter denen wir den anderen den Stinkefinger zeigen können?

Anscheinend hat das Leben auf einer Burg aber auch Nachteile. Eine leiderprobte ehemalige Bewohnerin berichtet, es sei kalt gewesen, die Fenster historisch undicht, Regen ein Innenraumereignis. Die Küche habe ein Gefälle von 14 Zentimetern, wenn einem was aus der Hand glitt, war es gleich verschwunden. Na gut, nichts ist perfekt, aber das Konzept ist unübertroffen. Deshalb liebt der im Grundsatz freundliche, aber eigenbrötlerische Münsterländer seine Wasserburgen und besucht sie auf regelmäßigen Fahrradtouren. Wobei ihm jedes Mal klar wird, dass das Reihenhaus am Stadtrand von Münster nur die zweitbeste Lösung ist.

Adresse Berenbrock 1, 59348 Lüdinghausen, Tel. 02591/79900, kultur@kreis-coesfeld.de | **Pkw** A 1, Abfahrt Ascheberg, nach Westen auf B 58, rechts auf Ascheberger Straße, dann Mühlenstraße, rechts auf Ostwall und Klosterstraße | **ÖPNV** Schnellbus ab Münster | **Öffnungszeiten** Di–So April–Okt. 10–17.30 Uhr, Nov.–März 10–16.30 Uhr | **Tipp** Schloss Gemen ist seit 1946 an das Bistum Münster verpachtet, das es seitdem als Jugendbildungsstätte nutzt. Hier wird den Jungwestfalen gleich der richtige Begriff von sozialem Wohnungsbau vermittelt.

53 Die Draiflessen Collection
Anziehende Konfektion

Die Draiflessen Collection ist eine private Initiative der Unternehmerfamilie Brenninkmeijer. »Draiflessen« ist ein Kunstwort, das aus der alten Tüöttensprache, der Geheimsprache der westfälischen Wanderhändler, abgeleitet wurde. In seinen beiden Wortstämmen »drai« (drei, Dreifaltigkeit, drehen, Handel treiben) und »flessen« (Flachs, Leinen, Heimat) kommen für die Familie wichtige Dinge zum Ausdruck: Westfalen, der christliche Glaube und das Unternehmertum, das seinerzeit im Textilhandel seinen Anfang genommen hat.

Schon 1671 zog Johann Brenninkmeijer von Mettingen aus nach Holland, um Tuche zu verkaufen. Die deutsch-holländische Verbindung blieb: 1841 gründeten die Brüder Clemens und August in Holland die Firma »C(lemens) & A(ugust) Brenninkmeijer«. In Deutschland wird im März 1911 die erste Filiale in Berlin eröffnet, weitere folgen, C&A expandiert. 2009 errichtet die inzwischen weltweit verstreute Unternehmerfamilie in Mettingen ein Familienzentrum, zu dem auch die öffentlich zugängliche Draiflessen Collection mit einem weiten Spektrum gehört: Ausstellungen, die sich mit der Familien- und der Firmengeschichte beschäftigen wie etwa »C&A zieht an« zum 100-jährigen Firmenjubiläum gehören ebenso dazu wie mode- und kunsthistorische Ausstellungen, zum Beispiel: »Von der Schönheit der Präzision. Faszination Buchkunst und Grafik mit der Liberna Collection« – eine Präsentation von kostbaren Handschriften, Stundenbüchern und frühen Drucken aus der von Bernard Brenninkmeijer begründeten Sammlung »Liberna Collection«, die sich inzwischen als Dauerleihgabe aus Privatbesitz im Haus befindet. Mit »Mythos Chanel« präsentiert die Collection eine der bedeutendsten Modeschöpferinnen des 20. Jahrhunderts. Diese Kombination von firmen- und kunsthistorisch sowie allgemein interessanten Themen ist in dieser kulturell nicht eben überfrachteten Region wohl einzigartig.

Adresse Draiflessen Collection, Georgstraße 18, 49497 Mettingen, www.draiflessen.com | **Pkw** A 1, Ausfahrt Osnabrück, Richtung Westen auf L 595 nach Westerkappeln, dann auf L 599 nach Mettingen, auf Westerkappelner Straße bis Neuenkirchener Straße, rechts in Georgstraße | **Öffnungszeiten** Mo, Mi, Fr, So 11 – 17 Uhr, Do 11 – 21 Uhr, vorherige Anmeldung erforderlich Mo – Fr 10 – 12 Uhr unter Tel. 05452 / 91683500, eine persönliche Führung ist im Eintrittspreis enthalten | **Tipp** Hopsten liegt in der Nähe. Hier wird Töddengolf gespielt, eine Mischung aus den Golfformen unterschiedlicher Länder, in der Tradition der Tüötten, der Leinwandhändler, die immer neue Ideen von ihren Reisen mitbrachten.

54 Das Tüöttenmuseum
Tuche und Wandel

Mettingen bietet ein wohl einzigartiges Patchworkensemble von öffentlichen Gebäuden. Zum Beispiel ist das Rathaus mit einem Hotel unter einem Dach vereint, der Rats- ist auch der Festsaal. Im Innenhof dieser Gebäude sind noch drei weitere, hinreißend schöne Fachwerkhäuser untergebracht, die ein Museum bilden.

Die Häuser haben ihre Geschichte: Eines der drei ist von einem anderen Standort hierher verlagert worden, ein zweites ist aus den Überresten mehrerer Häuser neu zusammengesetzt und das dritte nach historischer Vorlage neu errichtet worden. Hier wird die Geschichte der Tüötten, der Tuchhändler aus Mettingen, bewahrt. Nach dem Dreißigjährigen Krieg waren die Mettinger als Saisonarbeiter nach Holland zum Torfstechen gezogen. Im Winter verkauften sie dort gesponnenes Leinen und merkten bald, dass damit leichter mehr Geld zu verdienen war als mit der Schinderei im Torf. So entwickelte sich eine spezialisierte Handelsroute mit einem fast zunftartig geschlossenen System. Durch die Kontakte zwischen Produzenten und Abnehmern kam es oft zu Hochzeiten. In Mettingen merkt man das daran, dass häufig Holländer ins Museum kommen und nach den Spuren ihrer Vorfahren suchen.

Die originalgetreu eingerichteten Räume veranschaulichen den Arbeits- und Wohnalltag der Tüötten: Da ist zum Beispiel der Webstuhl, dazu sämtliche Werkzeuge wie Brake und Hechel. Das Spinnrad hatte einen Zahn, der nach jeder Umdrehung hörbar knackte. So konnte man mitzählen, wie viel Garn gesponnen worden war. Da diese Arbeit am Spinnrad kaum körperlich anstrengend und auch alten Männern zuzumuten war, ging der Begriff vom Geräusch auf die Arbeiter über – sie waren die »alten Knacker«. Was heute nach einem recht gebrechlichen Zeitgenossen klingt, hat damals aber immerhin bedeutet, dass der Mann noch sein Geld verdiente. Was auch auf die schönen alten Häuser passt – sie sind jedes Eintrittsgeld wert.

Adresse Sunderstraße 2, 49497 Mettingen | **Pkw** A 1, Ausfahrt Osnabrück, auf L 595 nach Westerkappeln, dann auf L 599 nach Mettingen auf Westerkappelner Straße bis Markt, dann rechts in Josefstraße bis Sunderstraße | **Öffnungszeiten** Mo 10–12 Uhr und 15–17 Uhr, Di–So 11–18 Uhr und nach Vereinbarung | **Tipp** Das Mettinger Postmuseum wurde gegründet von einem ehemaligen Postbeamten, der mit Fleiß und Liebe zum Beruf eine reichhaltige Sammlung von Postgegenständen und Telefonen zusammengetragen hat.

55__Das Antiquariat Solder
Auf dem Gipfel des Wilsberg

Da hat er nun – ach – in Münster studiert: Philosophie, Theologie, auch Psychologie, und in heißem Bemühen immer wieder Bücher aus dem Antiquariat herausgeschleppt. Praktischerweise hat er gleich über dem Laden gewohnt, da war der Weg zur Quelle verführerisch kurz. Über Martin Heidegger hat er seine Magisterarbeit geschrieben, eine Stelle als Philosophiedozent war sein Ziel.

Aber dann kam ihm ein Studentenjob in seinem Lieblingsantiquariat dazwischen, und als der Vorbesitzer ihm anbot, das Geschäft zu übernehmen, war die Philosophie am Ende. Ein wenig suspekt war ihm die Uni sowieso gewesen, zu viel Postengeschacher, zu wenig »die Sache selbst«.

Nun kümmert sich Michael Solder um seine Sache selbst, 1995 übernahm er das Antiquariat. Er hat auf den Rat seines ehemaligen Chefs gehört und nichts verändert – wer will schon ein Antiquariat im Stil einer Allerwelts-Buchkette? Solder hat sich spezialisiert auf alte Drucke vor 1800, alte Sprachen, Dichtung des 18. Jahrhunderts und andere Feinheiten.

Nach zwei Jahren kam ein Locationscout vom Fernsehen hereingeschneit, wollte den Laden für eine Fernsehsendung nutzen. Erst für lau, dann richtig für Geld. »Wilsberg«, die Serie, schlug ein, und seitdem vermietet Solder zweimal im Jahr sein Geschäft für Dreharbeiten. Und hat immer wieder Freude, wenn ein neuer Regisseur kommt: Weil sich in dessen Gesicht das blanke Entsetzen zeigt bei dem Gedanken, dass er auf circa 30 Quadratmetern seine Schauspieler agieren lassen soll. Die Publicity tut ihm gut, sagt Solder, es kommen viele Besucher. Die einen schämen sich für ihre Neugier und kaufen anstandshalber ein Buch, andere sind selbstbewusster und schauen einfach nur rein. Schlimm seien die »Kegelvereinsoberkasper«, die glauben, sie müssten in der Enge zwischen den Bücherregalen einen fernsehgerechten Auftritt hinlegen. Aber meist kommen Menschen, die was für ihren Geist brauchen.

Adresse Frauenstraße 49 / 50, 48143 Münster, Tel. 0251 / 45339,
www.antiquariat-solder.de | **Pkw** A 1, Ausfahrt Münster-Nord, B 54 Richtung Münster,
links auf Universitätsstraße, links auf Bispinghof, dann links in Pferdegasse, rechts auf den
Domplatz, dort kostenpflichtiger Parkplatz, Auto abstellen und 5 Minuten laufen | **Tipp**
Kreativkai am Hafenweg, ehemaliges Hafenbecken bietet Lokale und Unternehmen aus
dem Kulturbereich: Coppenrath Verlag, der Hot Jazz Club, die Ausstellungshalle Zeitgenössische Kunst Münster, Wolfgang Borchert Theater.

56__Das Eigendenkmal im Zoo

Mann mit Zylinder unter Tieren

Zu den besonders schrägen Vögeln des Münsterlandes gehört ein Wissenschaftler – Hermann Landois (1835–1905). Landois hatte Theologie studiert und war sogar zum Priester geweiht worden. Danach studierte er Zoologie und wurde Bio-Lehrer, einer der ersten, der seine Schüler regelmäßig Präparate anfertigen ließ. Schließlich wurde er Professor der Zoologie.

Landois ließ sich ein Haus nach eigenen Entwürfen bauen, so romantisch-verwunschen, als wäre es Harry Potters Sommersitz. Hier lebte er zusammen mit seinem ausgestopften Affen »Lehmann«, der an einer Säuferleber gestorben sein soll. Was Landois nicht weiter irritierte, auch sein Pferd bekam regelmäßig Bier. Aus Liebe zu Vögeln gründete er einen Anti-Katzenverein. Als 1874 der Westfälische Zoologische Garten gegründet wurde, kümmerte sich Landois um die Finanzierung: Er gab Aktien zu zehn Thalern heraus, richtete Skatabende ein, deren Erlöse in eine »Affenkasse« einge-zahlt wurden, später folgten plattdeutsche Theaterabende. Was immer Geld versprach, er tat es.

Wegen seiner Schrulligkeiten und gelegentlich skandalösen Auftritte erhielt er den Spitznamen »de unwiese Profässer«. Dabei war er ein sehr seriöser Wissenschaftler mit über 1.000 Publikationen und dachte zudem praktisch: Mit der »Landoisklappe«, die heute noch benutzt wird, kann das Zootier den Übergang zwischen Käfig und Freigehege selbst öffnen.

Seine Kirche mochte die Wissenschaft nicht und suspendierte ihn vom Priesteramt. Er rächte sich mit einem humoristischen Roman, der die Geistlichkeit aufs Korn nahm. Der kleine, dicke Landois war so überzeugt von seiner Bedeutung, dass er sich im Zoo selbst ein Denkmal setzte. Bei dessen Einweihung, zu der er vorsichtshalber in eigener Person die Lobrede auf den Geehrten hielt, trat er mit Weste, Zylinder und langer Pfeife in eben der Kleidung auf, in der er sich hatte verewigen lassen.

Adresse Allwetterzoo Münster, Sentruper Straße 315, 48161 Münster | **Pkw** A 1, A 43, Abfahrt Kreuz Münster-Süd über B 51, A 1, Abfahrt Münster-Nord, über B 54, jeweils Richtung Innenstadt. Ab Stadtgrenze weisen Schilder den Weg zum Zoo. | **ÖPNV** Bus 14 bis vor den Zooeingang | **Öffnungszeiten** täglich April–Sept. 9–18 Uhr, März, Okt. 9–17 Uhr, Nov.–Feb. 9–16 Uhr; je nach Einbruch der Dämmerung können die Schließzeiten kurzfristig geändert werden. | **Tipp** In unmittelbarer Nachbarschaft des Zoos, in der Sentruper Straße 285, liegt das LWL-Museum für Naturkunde mit Planetarium – für weitere Erkundungen in der Naturwissenschaft.

57 Die Fahrradpromenade
Leezenschwärmen

So ganz klar wird einem nicht, warum ausgerechnet im verregneten Münster das Fahrrad so beliebt ist. In einer Stadt, die derart gussgefährdet ist, ist Radfahren eher unklug. Eine einfache Stadtrundfahrt kann man schnell mit einer einwöchigen Erkältung bezahlen, was entschieden zu viel ist. Der Münsteraner jedoch hält unvernünftig und unbeirrbar an dieser Fortbewegungsform fest. Ja, man muss sogar feststellen, er / sie liebt die »Leeze«, wie das Fahrrad im örtlichen Rotwelsch genannt wird. Es gibt am Hauptbahnhof nicht nur eine Radstation, damit man seinen Drahtesel bewahrt und regengeschützt unterstellen kann (»Wenigstens mein Fahrrad soll es gut haben«), nein, es gibt auch eine eigens konstruierte Fahrradwaschanlage, wo die Spießer unter den Radlern ihr »heilix Blechle« waschen lassen können.

An der Radstation am Bahnhof ballt sich in der ohnehin leezenüberfüllten Stadt der Verkehr, sodass gelegentlich selbst die Radstation nicht mehr zu erreichen ist, weil sie zugeparkt wurde – von Fahrrädern. Die beliebteste Radstrecke in Münster ist die »Promenade« auf dem ehemaligen Wallgürtel um die Stadt. In der Unterführung zwischen Salz- und Mauritzstraße wurden 1.750 Räder pro Stunde gemessen. Diese Dichte schafft Unruhe, und so werden auf der alten Wallanlage immer wieder Radikale gesichtet, die Radfahren als Wehrsport begreifen. Circa 50 Zusammenstöße jährlich werden protokolliert. Als Unfallursache Nummer eins gilt auch im Radverkehr der Alkohol.

Nach Aussage der Polizei betrifft das alle Bevölkerungsschichten, nicht nur Studenten. 2012 wurde gegen einen Radfahrer exemplarisch ein lebenslanges Leezenverbot ausgesprochen, nachdem er mehrmals vollberauscht auf dem Radweg erwischt wurde. Da zieht es mancher Besucher vor, zu Fuß zu gehen, um dem Leezenwahn zu entkommen. Und wie Autofahrer unter den Zweirädern leiden – darüber könnte man noch lange klagen.

Adresse 48143 Münster, die Promenade umzieht baumbestanden die Innenstadt | **Pkw**
Die Promenade ist für Pkw gesperrt, man kann sie über die L 843 anfahren und dann das
Auto stehen lassen – aber wo? | **Tipp** Beim Café Gasoline weiß man nicht so recht: Ist es
ein Café oder eine Tankstelle? Oder ist es schon ein Griff in die Zukunft, wenn wir kein
Benzin mehr haben, nur noch Bier?

58 Der Friedenssaal

Bedeutendes Holz

Der Friedenssaal im alten Rathaus ist der zentrale Ort von Münster. In diesem Raum, geschmückt mit prachtvollen Schnitzereien aus der Renaissance, wird die Erinnerung an den Friedensschluss bewahrt, der 1648 den Dreißigjährigen Krieg beendete. »Kriech« sagt die Führerin, die eine Rentnertruppe instruiert.

Nach fünfjährigen Verhandlungen war zum ersten Mal in der europäischen Geschichte ein Frieden nicht durch Sieg oder Niederlage, sondern durch diplomatische Übereinkunft geschlossen worden. Der Raum selbst diente während der Verhandlungen wohl eher gesellschaftlichen Ereignissen; lediglich der Spanisch-Niederländische Teilfrieden, ein Kollateral-Gewinn der Verhandlungen zwischen den Hauptgegnern, wurde in diesem Raum unterzeichnet. Durch den Friedensschluss wurde der alte Ratssaal zum symbolischen Ort, der zeigte, dass nicht »der Krieg (Kriech) Vater aller Dinge« ist, sondern die Vernunft.

Als dann aber im Zweiten Weltkrieg (»-ch«) die Dinge wieder einmal unfriedlich wurden, hat man vorsorglich die Schnitzereien, die Bänke, Schränke und Porträts ausgelagert. Nur der Kamin von 1577 blieb, wo er war.

Im Oktober 1944 zerstörten Bomben Saal und Kamin. Statt des originalen Prachtstücks wurde 1948, zur 300-jährigen Wiederkehr des Friedensschlusses, ein Kamin von 1621 eingesetzt. Man fragt sich, welche seiner Figuren symbolhafter ist: Justitia mit Schwert und Waage – immerhin war der Friedenssaal auch Gerichtssaal – oder das Gleichnis vom reichen Prasser und dem armen Lazarus; je nach Epoche war Münster beides. Wie auch immer: Der Kamin erscheint als das eigentliche Mahnmal, denn während der Prunk der originalen Ausstattung mitsamt den Porträts der hochmögenden Akteure von 1648 an die pompöse Unterzeichnung des Vertrages erinnert, mahnt der Kamin daran, dass nicht ein Vertrag, sondern vor allem sein Geist den Frieden erhält.

59___ Goethe an der Kirche
Dichterfürstenheiliger

Woran wird er denken, wenn er da so steht, den dürren Zeigefinger nachdenklich an die Unterlippe gelegt, das Haupt von Versen schwer zur Seite geneigt, die Mundwinkel mürrisch nach unten gezogen? Wahrscheinlich ist ihm schon klar, dass er eigentlich nicht in eine Reihe mit Heiligen, Kirchenlehrern und Evangelisten gehört. Am Westportal der Lamberti-Kirche steht Goethe auf einem Sockel, dargestellt in der Rolle des Evangelisten Lukas. Anton Rüller, der ab 1910 die Skulpturen am Turm der Kirche schuf, hat sich das ausgedacht. Das Wappentier des Evangelisten ist der geflügelte Stier, Lukas ist Schutzpatron der Ärzte und der Schlachter – nichts davon hat mit Goethe zu tun. Wie also kam der Großschriftsteller zu seiner Position als Säulenheiliger?

Es gibt dazu keine gesicherte Erkenntnis. Vermutet wird, dass die Skulptur eine Reaktion auf die Zeit des Kulturkampfes in den 1870er Jahren war. In der katholischen Kirche war ein Streit entbrannt, ob Goethe im Bücherschrank einer katholischen Familie zu dulden sei.

Der Künstler Rüller, ein energischer Mann mit gewaltigem Schnauzbart und von großem Fleiß, könnte also einen persönlichen Kommentar zu dieser Kontroverse abgegeben haben. Allerdings scheint in früheren Zeiten die Ähnlichkeit des Heiligen mit Goethe nicht aufgefallen zu sein, selbst in Josef Bergenthals »Münster steckt voller Merkwürdigkeiten« ist die Skulptur nicht erwähnt. Eine andere Vermutung ist, dass Rüller, indem er der Skulptur eine klassische Haltung verlieh, versuchte, das Mittelalter über die deutsche Klassik mit der Gegenwart zu verbinden.

Eine eher unkonventionelle Deutung: Goethe gegenüber steht die Figur des Evangelisten Johannes. Der wiederum sieht Schiller ähnlich. Die Gläubigen, die in St. Lamberti zur Predigt wollen, müssen sich ihren Weg durch die Weimarer Klassik bahnen. Das schärft ihren Verstand.

Adresse Marktkirche St. Lamberti, Lambertikirchplatz, 48143 Münster | **Pkw** A 1, Abfahrt Autobahnkreuz Münster-Nord, B 54 Richtung Osten, links in Aegidiistraße, über Aegidiimarkt, rechts auf Rothenburg, weiter auf Prinzipalmarkt zu Lambertikirchplatz | **Öffnungszeiten** 10 – 17.30 Uhr | **Tipp** Nur wenige Meter von der St.-Lamberti-Kirche liegt die Stadtbücherei Münster – fabelhafte moderne Architektur und attraktive Cafeteria für die Pause beim Stadtrundgang.

60__Das Grab von Moondog
Wikinger aus dem Mittleren Westen

Der Friedhofsgärtner weiß gleich Bescheid: geradeaus, hinten an der Mauer. Dort steht Moondogs Stele mit der Büste, langes, wallendes Haar, die Augen geschlossen.

Moondog, eigentlich Louis Thomas Hardin, stammte aus dem Mittleren Westen der USA. Mit 16 Jahren erblindete er durch einen Unfall mit einer Dynamitpatrone. Auf einer Blindenschule lernte er die klassische Musik kennen und Instrumente spielen. Er wurde Komponist, besaß ein so feines Gehör und Vorstellungsvermögen, dass er seine Kompositionen aus der Phantasie niederschrieb, ohne sie gehört zu haben.

Ab Anfang der 40er Jahre lebte er nahezu drei Jahrzehnte in New York als Straßenmusiker. Hardin war ein Exzentriker: Er nannte sich Moondog, nach seinem heulenden Blindenhund. Er hatte ein Faible für die Wikinger entwickelt und trug Speer und gehörnten Helm, was selbst im unerschütterlichen New York Aufsehen erregte. Trotzdem war er ein respektierter Musiker, arbeitete mit Julie Andrews und Charles Mingus.

Anfang der 70er Jahre wurde Moondog für zwei Konzerte nach Frankfurt eingeladen und blieb in Deutschland. Wieder verfolgte er eine sprunghafte Karriere als Straßenmusiker und Komponist von Orchesterwerken. Er fand eine Freundin, die ihm den Hörnerhelm abnahm und alle Hilfe zukommen ließ, die er brauchte. Ende der 70er kamen drei LPs von ihm heraus, 1989 erlebte er ein Comeback in den USA, kehrte aber wieder nach Deutschland zurück. Moondogs Erscheinung war spektakulär, mit seinen langen weißen Haaren und dem langen Bart erschien er wie der Zauberer Merlin im Moment einer düstersten Weissagung. 1992 legte er, der immer mit den Großen des Musikbetriebs gearbeitet hatte, noch einmal eine CD auf, die Begeisterungsstürme auslöste. 1.300 Kompositionen hinterließ Moondog, als er 1999 in Münster verstarb. Der Gärtner sagt, dass fast jeden Tag Fans zu seiner Stele pilgern.

Adresse Zentralfriedhof Münster, Robert-Koch-Straße 11, 48149 Münster | **Pkw** A 1, Ausfahrt Münster-Nord, B 54 Richtung Münster, rechts in Gerichtsstraße, weiter Hüfferstraße, links weiter auf Hüfferstraße, rechts auf Robert-Koch-Straße | **ÖPNV** Bus 11, 12, 13, 14, Haltestelle Hüfferstiftung | **Tipp** Die Skulptur »Large Vertebrae« von Henry Moore, auf einer Wiese an der Adenauerallee, nahe dem Ufer der Münster'schen Aa, gilt als gern übersehen. Unverständlich.

61 Käfige der Wiedertäufer
Reformer am Turm

Hoch an der Lamberti-Kirche hängen drei eiserne Käfige. In ihnen wurden einst die Leichen der drei berühmtesten »Wiedertäufer« ausgestellt: Jan van Leiden, Bernd Knipperdollinck und Bernd Krechtinck waren die drei Übeltäter. Die Täufer, die von ihren Feinden »Wiedertäufer« genannt wurden, weil sie die Erwachsenen noch einmal tauften, waren eine Sekte aus der Schwungmasse der Reformation, die für besonders radikale theologische und gesellschaftliche Erneuerungen eintrat. Da sie sich gegen die etablierten Kirchen und den Adel wandten, provozierten die Reformer gleich zwei starke Feinde.

Der Bischof von Münster lieh sich in trauter Einigkeit von katholischen und protestantischen Potentaten Geschütze und belagerte seine Stadt. Die umzingelten Täufer lebten in dem hoffnungsvollen Glauben, Christus werde Ostern 1534 in Münster in Erscheinung treten und ihre Lehre rechtfertigen.

In Erwartung alsbaldiger Seligkeit erließ Jan van Leiden richtungweisende Reformen wie die Abschaffung des Geldes und die Einführung der Vielehe. Er ging mit leuchtendem Beispiel voran und hielt sich 16 Ehefrauen, wobei nicht unerwähnt bleiben sollte, dass er eine von ihnen eigenhändig hingerichtet hat. Es war also nicht alles schön. Nach dem Fall der Stadt wurden die Täufer 1536 verurteilt: Mit glühenden Zangen riss man ihnen eine Stunde lang das Fleisch von den Gliedern, dann wurden sie erdolcht und ihre Leichen in Käfigen an der Lamberti-Kirche aufgehängt. Die Käfige sind dort geblieben zur Abschreckung all jener, die gegen Geld und für Frauen sind.

Die Täufer-Episode wirkte noch Jahrhunderte später. So kann es vorkommen, dass in der Konfrontation zwischen Kind und Erzeuger die ultimative Warnung ausgesprochen wird: »Wah di fü'n Knippadollin« (Hüte dich vor dem Schicksal des Bernd Knipperdollinck). So wird im Münsterland Geschichte nutzbar gemacht.

Adresse Lambertikirchplatz, 48143 Münster, Tel. 0251 / 44893 | **Pkw** A 1, Abfahrt Auto-
bahnkreuz Münster Nord, B 54 Richtung Osten, links in Aegidiistraße, über Aegidiimarkt,
rechts auf Rothenburg, weiter auf Prinzipalmarkt zu Lambertikirchplatz | **Tipp** St. Lam-
berti hat einen Turmbläser. Der derzeitige, Wolfram Schulz, versieht seine Arbeit seit 1984,
steigt jeden Abend 300 Stufen rauf und runter, das hält den studierten Philosophen und
ausgebildeten Buchbinder fit. Von 21 bis 24 Uhr wird geblasen.

62 Die Kunsttoilette

Schöne Unterwelt

Über einen der wichtigsten Orte einer Stadt wird nur ungern gesprochen. Münster dagegen geht offensiv damit um, Münster macht Kunst daraus. Eine sehr volksnahe Idee hatte 2007 Hans Peter Feldmann. Der Künstler hörte die Klage, dass es für die Besucher beim Domplatz keine akzeptablen Toiletten gäbe. Zwar fanden sich im Untergeschoss des Marktes öffentliche WCs im Charme der 50er Jahre, aber wer eben konnte, versuchte, sie zu vermeiden. Die Stadt hätte sanieren können. Feldmann aber ging einen künstlerischen Schritt weiter: Er gestaltete den Ort zu einem Aufenthaltsraum. Mit Hygiene, das ist klar, aber auch mit großformatigen quietschbunten Blumenbildern, künstlichen Düften und leichter Musik.

Spektakulär wirken vor allem die kitschigen Plastikkronleuchter von der Art, wie sie sonst (in Kristall) vielleicht in einem großbürgerlichen Eingangsflur oder einem – Pardon – Speisesaal hängen würden. Feldmann hat einen Durchbruch geschafft: Der Abtritt bekam einen Auftritt, das Klo, dieser verruchte Winkel, stand plötzlich im Mittelpunkt. Das Klo unter dem Domplatz ist ein Touristenmagnet.

Nebeneinander liegen die Damen- und die Herrentoiletten, verbunden durch einen Arbeitsraum für die Reinigungskräfte. Oben tobt der hektische Wochenmarkt, hier unten fließt die Zeit in einem anderen Tempo. Der Selbstversuch erweist schnell, dass es Feldmanns Kunst gelingt, den sonst eiligen Nutzer zu einer überraschend hohen Verweildauer zu verführen. Die Besucher, die meist aus dem Münster-typischen Regen kommen, lächeln belustigt, im Schein der Lüster richten sie sich die triefenden Haare und waschen ihre Hände so ausdauernd und gründlich, als wären sie Chirurgen auf dem Weg zu einer Operation. Die Kloake als Kunstwerk, das muss man Münster erst einmal nachmachen. Ein Hinweis für Besucher des Doms: Papst Julius I. gilt als der Schutzpatron der Latrinenreiniger, im Dom zu verehren.

Adresse unter dem Domplatz, 48143 Münster | **Pkw** A 1, Ausfahrt Münster Nord, B 54 Richtung Münster, links auf Universitätsstraße, links auf Bispinghof, dann links in Pferdegasse, rechts auf den Domplatz, dort kostenpflichtiger Parkplatz | **ÖPNV** Bus 1, 2, 10, 11 | **Öffnungszeiten** Mo, Di, Do, Fr 8−20 Uhr, Mi, Sa 5−20 Uhr, So 9.30−18 Uhr | **Tipp** Für den Wochenmarkt auf dem Domplatz liefern die Bauern aus dem umliegenden Münster-land Produkte von bester Qualität. Beim absichtslosen Schlendern zwischen den Gängen findet man Kochideen für mindestens vier Tage.

63__LWL Museum plus Kunst plus Geschichte

Blauer Reiter neben Altar

MünsterländerInnen galten über viele Jahrzehnte als sehr katholisch und sehr konservativ. Das mag sich mit der Zeit wandeln, auf jeden Fall liegt ihnen die Vergangenheit am Herzen, aber auch die zeitgenössische Kunst. Daher gründete schon 1825 der »Verein für Geschichte und Altertumskunde Westfalens« eine Sammlung für seine Sparte, während quasi im Gleichtakt der Westfälische Kunstverein ab 1836 ein Kunstmuseum unterhielt. 1908 wurden die beiden Häuser im Landesmuseum für die Provinz Westfalen zusammengeführt. Das Gebäude wurde im Krieg beschädigt, restauriert und später zu klein und zu alt. 2014 eröffnete Münster ein neues Museum mit 51 Ausstellungsräumen, die auf die Kunstwerke abgestimmt sind. So kann man mittelalterliche Sakralkunst bewundern, während man im Chorgestühl sitzt und weihevollen Empfindungen nachhängt. Doppelgeschossige Räume ermöglichen ein großräumiges Erleben. Aus ebenso hohen Fenstern geht der Blick in die Stadt und in die aktuelle Welt. Andere Räume vermitteln eher einen intimen Kabinettcharakter. So ist das Haus schon ein Kunstwerk aus eigenem Recht. Die Sammlung aus 320.000 Objekten umfasst mittelalterliche Sakralkunst Westfalens, dazu Kunstwerke aus Renaissance und Barock sowie des 19. Jahrhunderts. Die seit 1950 eingerichtete »Moderne Galerie« beherbergt mit Werken von Liebermann, Slevogt und Corinth den deutschen Impressionismus, ferner mit August Macke, der aus dem Sauerland stammt (das dem Münsterland benachbart ist und gelegentlich vereinnahmt wird), Arbeiten des deutschen Expressionismus sowie weitere Werke aus der Moderne bis zur internationalen Avantgarde.

Wem bei der Promenade entlang der Kunst zwischenzeitlich die Konzentration erlahmt, der findet im Foyer ein Café und einen Innenhof, den nach Angaben des Museums »das schönste Dach der Welt« überspannt. Was wohl so auch stimmt.

Adresse Domplatz 10, 48143 Münster, Tel. 0251/5907201, www.lwl-museum-kunst-kultur.de |
Pkw A1 Autobahn-Kreuz Münster Nord, rechts auf B 54/B219 Steinfurter Straße, links in
Bispinghof, links in Pferdegasse, rechts auf Domplatz | **Öffnungszeiten** Di–So 10–18 Uhr,
2. Fr im Monat 10–24 Uhr (bei freiem Eintritt ab 18 Uhr) | **Tipp** Das Archäologische
Museum der Westfälischen Wilhelms-Universität Münster ist einen Besuch wert!

64 Das Picasso-Museum

Der Stier von Spanien

Pablo gehört nach Paris, Barcelona und Antibes. Und nach Münster. Das Kunstmuseum Pablo Picasso war im Jahr 2000 das erste Picasso-Museum in Deutschland. Gert Huizinga, studierter Grafiker und Westfale mit Heimatbindung, kaufte Anfang der 50er Jahre sein erstes Werk des Spaniers, einen Linolschnitt. Huizingas Bekanntschaft mit Marie-Thérèse Walter, des Meisters vorübergehender Lebensgefährtin (1932 porträtiert in »Frau mit Blume«), führte dazu, dass er sich auf das Sammeln von Picasso-Lithografien spezialisierte. Durch die Freundschaft mit deren Drucker Fernand Mourlot kamen etliche Arbeiten, darunter seltene Zustandsdrucke, in die Sammlung.

Zusammen mit weiteren Sponsoren wurde Huizingas Sammlung im denkmalgeschützten »Druffel'sche(n) Hof« untergebracht. Der in den Jahren 1784 bis 1788 erbaute »Hof« gehört zu den bedeutendsten Beispielen des Klassizismus in Münster. Wer Gelegenheit hat, hier die hinreißend orgiastische Serie mit dem Minotaurus zu sehen oder die Abfolge von Stiergrafiken, in denen das naturalistische Abbild eines Kampfstieres immer mehr auf seine Abstraktionen reduziert wird, bis nur noch wenige kraftvolle Striche übrig sind, und wer sich dann gleichzeitig klarmacht, dass er nicht in Spanien, sondern im Münsterland steht, umgeben von schwarz-bunten Milchspenderinnen – der hat schon ein eigentümliches Kunsterlebnis wie sonst nirgends.

Zu den Beständen des Kunstmuseums Pablo Picasso gehören die Suite Vollard, eine Folge von 100 Grafiken, dazu die Stiftung Classen mit ihrer Sammlung von Miró, Chagall und den Malerbüchern von Braque, die einen repräsentativen Querschnitt durch sein grafisches Werk beinhalten. 2004 kamen aus einer weiteren Sammlung 208 Werke von Georges Braque als Dauerleihgabe hinzu. Neben seinen eigenen Beständen zeigt das Kunstmuseum auch temporäre Ausstellungen aus anderen Häusern.

Adresse Kunstmuseum Pablo Picasso, Picassoplatz 1, 48143 Münster, www.kunstmuseum-picasso-muenster.de | **Pkw** A 1, Kreuz Münster-Nord, auf der B 54 Steinfurter Straße, links auf Moltkestraße, im Kreisverkehr auf Ludgeristraße, dann auf Königsstraße | **Öffnungszeiten** Di – So, Feiertage 10 – 18 Uhr | **Tipp** Das Café »La Californie«, benannt nach Picassos Atelier in der Nähe von Cannes, im Gebäude des Picasso-Museums besitzt eine angenehme Atmosphäre mit mediterranem Licht.

65 Der Ballonsportverein
Ohne Holzschuh – der fliegende Münsterländer

Vom Münsterland wird geschwärmt als einer »Parklandschaft«. Jeder klassische Landschaftsgarten hat einen erhöhten Hügel, einen Belvedere, damit der Mensch seine Schönheit aus der Höhe bewundern kann. Im Münsterland ist der Belvedere der Ballon. Circa 80 Prozent derjenigen, die in einer Höhe zwischen 150 und 500 Metern über Felder, Hecken, Haine, über Pferde, Flüsse und gottgefällige Kirchen dahinschweben, sind Besucher, die eine Ballonfahrt als Geschenk erhalten haben – zum Geburtstag, zum Vorruhestand, zur Hochzeit. Gefahren wird nach den Launen des Wetters (»Fahr man, der Wind steht chünstich«). Der Ballonpilot kann also sagen, wo er starten und wie lange er fahren wird. Und er kann ungefähr die Richtung angeben, in der er landen wird.

Das Münsterland ist ein gutes Ballonrevier, weil es zwischen Teutoburger Wald und Baumbergen flach ist und viele Landeplätze bietet. Für Ballonfahrer gilt es als ungünstig, inmitten von Viechern auf einer Weide zu landen. Man geht möglichst auf einem Feld zu Boden. Weil der Pilot seinen Landeort nicht exakt ansteuern kann, gilt eine Ballonlandung verkehrsrechtlich als »Notlandung«, was angenehm abenteuerlich klingt.

Die Reaktionen der Neulinge ähneln sich: Sie brauchen eine Viertelstunde, um die anfängliche Nervosität zu überwinden und um zu erleben, dass im Ballon ein Gefühl wie Höhenangst nicht aufkommen kann.

Dann setzt beim ruhigen Gleiten mit dem Wind über die Landschaft die Begeisterung ein. Man empfindet sich im Wortsinn als der Erde enthoben, blickt auf Autos und ist froh, dass man nicht drin sitzt. Man erlebt die Landschaft, die man vom Durchfahren oder Wandern kennt, ganz neu. Und vor allem der Begriff »Park-Landschaft« erweist sich beim Blick auf das gegliederte, abwechslungsreiche Terrain als völlig einleuchtend. Vielleicht ist der Ballon der schönste Ort, um das Münsterland zu erleben.

Adresse Montgolfieren Club Gremmendorf e. V., Kanalpromenade 127, 48155 Münster-Gremmendorf, Tel. 0251 / 627879, info@montgolfieren-club.de | **Pkw** A1 / A43, vom Kreuz Münster-Süd Richtung Münster, dann auf die B 51 Richtung »Halle Münsterland«, circa 3 Kilometer folgen. Am Gasometer rechts auf den Albersloher Weg Abfahrt Albersloh, Richtung Albersloh, nach circa 3 Kilometern hinter der Kaserne / Aldi rechts in den Angelsachsen Weg abbiegen. Dieser geht in den Vahlbusch über, diesem folgen Sie, bis auf der linken Seite der Startplatz sichtbar wird. | **Tipp** Ballonfahren ist im Münsterland eine Art Breitensport. Trotzdem ist es für den Einzelnen ein Erlebnis, das durch die vorherige Lektüre von Jules Vernes »Fünf Wochen im Ballon« noch gesteigert werden kann.

66_ Greta-Bünichmann-Straße
Erinnerung an eine »Hexe«

Greta Bünichmann hatte das Unglück, dass schon ihre Mutter als Zauberin verbrannt worden war. Erbliche Vorbelastung! Die Waise Greta arbeitete sieben Jahre im Haushalt des Ehepaars Grotenhoff. Im Mai 1635 wurde auch sie der Zauberei verdächtigt, dem Arbeitgeber-Ehepaar waren in sieben Jahren 29 Pferde verendet. Greta wurde gefoltert, beteuerte ihre Unschuld und gab an, sie habe ihren Arbeitgebern 70 Taler geliehen, »so sei dis ihr Danck«. Nach weiteren Folterungen gestand sie schließlich, die Pferde und auch den Sohn der Grotenhoffs vergiftet zu haben. Greta wurde gnadenhalber enthauptet und erst dann verbrannt. Für die Grotenhoffs war die Rechtsprechung recht vorteilhaft, denn es gab niemanden mehr, der das Darlehen zurückfordern konnte.

1994 schlug das Stadtarchiv Münster vor, eine Straße nach dem Opfer des Hexenwahns zu benennen. Es folgten aufgeregte Diskussionen, die Bewohner befürchteten wohl, dass der Wert ihrer Eigenheime sinken würde, wenn sie in einem »Hexenviertel« lägen. Der zuständige Pfarrer argwöhnte, man wolle einer mutmaßlichen Kriminellen eine Straße widmen.

Vielleicht war er auch einfach nur sauer: Die Greta-Bünichmann-Straße zweigt ab von der Straße »Zum Guten Hirten«, in der Nachbarschaft liegen eine »Dechanei-« und »Propsteistraße« – und unter all diesen ehrenwerten Adressen nun eine Hexe und Zauberin! Aber der Einspruch wurde abgelehnt.

Die Greta-Bünichmann-Straße am östlichen Stadtrand von Münster führt durch eine sehr bürgerliche Siedlung mit ein- und zweigeschossigen Wohnhäusern. Sie wäre ein wunderbarer Drehort für eine Vorabendserie über verzweifelte Hausfrauen und ihren Pfarrer. Letztlich ist schwer zu entscheiden, wer durch die Benennung dieser Straße wirklich Schaden erlitten hat: Die Hausbesitzer oder die unglückliche Greta Bünichmann, die nach Folter und Verbrennung etwas Schöneres verdient hätte.

Greta-Bünichmann-Straße

Greta Bünichmann wurde am 23. Juni 1635 als angebliche Hexe verbrannt. Sie ist eines von insgesamt 40 Opfern, die zwischen 1552 und 1644 in Münster wegen Zaubereiverdachtes gefoltert oder getötet wurden

3 - 64

Adresse Greta-Bünichmann-Straße, 48155 Münster-Mauritz | **Pkw** A 1, Kreuz Münster-Nord, auf der B 54 Steinfurter Straße, links in Münzstraße, rechts auf Dechaneistraße, links auf Mauritz-Lindenweg, weiter zur Straße Zum Guten Hirten, rechts in die Greta-Bünichmann-Straße | **Tipp** Das Stadtmuseum Münster sammelt ausführliche Dokumentationen zur Stadtgeschichte, darunter auch die Geschichte zu den Wiedertäufern und den Hexenjägern.

67__Die vergessene Kurklinik
Tempi passati

Das kleine Wolbeck am südlichen Rand von Münster besteht im Wesentlichen aus einer Straße und einer Feuerwache am Ende der Straße. Kurz davor liegt ein Wohnkomplex mit einer für münsterländische Verhältnisse außergewöhnlichen architektonischen Lösung: Das Haus überspannt in den Obergeschossen einen kleinen Bach, was ihm eine leicht venezianische Anmutung gibt. Leider ist auch der Verfallszustand ziemlich venezianisch.

1893 eröffnete Sanitätsrat Dr. Wilhelm Lackmann (»de aolle Raot«) ein Sanatorium, 1909 übernahm es der älteste Sohn Wilhelm. Die »Kaltwasserheilanstalt« verfügte über 50 Zimmer, dazu kamen doppelstöckige Wandelhalle, Speisesaal, Veranda und im prachtvollen Kurgarten noch Wasserspiele, eine Kegelbahn und – Münsterland! – eine Marienkapelle. Wilhelm Lackmann hatte sich sogar zum Psychiater ausbilden lassen, sodass »Dr. Lackmanns Kurhaus« nicht nur »milde Wasserkuren, Licht- und Sonnenbäder« anbot, sondern auch psychotherapeutische Behandlungen. Der expressionistische Dichter Jakob van Hoddis war einige Zeit hier untergekommen, scheint als Patient aber eher auf die Kapelle als auf Wasserkuren angesprochen zu haben. Ende der 1950er Jahre musste der Kurbetrieb aufgeben. Der gesunde Dr. Lackmann, der sich täglich mit Spiritus abrieb, verstarb bald darauf.

Heute ist das Kurhaus ein sanierungsbedürftiges graues Miethaus. An einer Hauswand hängt die Maria aus der Kapelle. Die Wasserspiele sind ein Schlammpfuhl und der Bach ein Rinnsal, das kein Frosch mit Selbstachtung betreten würde. Der Kurpark ist zu einem Sekundärurwald verkommen, aber er vermittelt noch eine Ahnung, wie schön er einmal gewesen sein muss. Tempi passati – die Zeiten sind vorüber, das Ding ist im Eimer. Einzig eine Bushaltestelle vor dem Haus erinnert an die Epoche, als Damen der Gesellschaft in kaltes Wasser stiegen und kreischten, dass man es im Dorf hören konnte.

Adresse Hofstraße 50, 48167 Münster-Wolbeck | **Pkw** A 1, A 43 Abfahrt Autobahnkreuz Münster-Süd, B 51 Richtung Osten, rechts in L 586 Albersloher Weg, links in K 73 Hiltruper Straße bis Ortskern Wolbeck, rechts in Am Berler Kamp, links Am Steintor, rechts in Hofstraße | **Tipp** Der Drostenhof in Wolbeck, am Stadtpark, Baudenkmal aus fürstbischöflicher Zeit, fällt durch seine Fassadenstruktur auf.

68 Das Brustbidet

Eine hygienische Verirrung

Der Münsterländer als solcher ist ein Mensch, der gern feiert. Es gibt die Kirmes und die Schützenfeste, es gibt die Fronleichnamsprozession und Veranstaltungen mit oder ohne Pferde. Und es gibt die Kneipe im Dorf, in der man sich abends gesellig zusammensetzt. Dafür steht im Raucherbereich der urgemütliche Stammtisch. Und hier fließt das gute münsterländische Bier. Und der gute münsterländische Korn. Und draußen regnet es, wie immer im Münsterland. Drinnen dagegen ist es warm und dunstig, es wird gesessen und gegessen und geraucht, und die Luft wird immer stickiger, aber man will ja auch nicht das Fenster aufreißen, weil schon so viele erfroren sind, aber noch keiner erstunken. Und so sitzen alle dicht beieinander auf der Eckbank, da kann man sowieso nicht aufstehen, weil dann die anderen auch aufstehen müssen, also verkneift man sich das noch ein bisschen, und: »Na klar! Einen nehmwanoch, 'n Korn und 'n Bier, Ferdi gibt noch einen aus! Und jetzt alle einen Schnaps auf Ferdi!«

Es naht der Augenblick, da wird dem Münsterländer richtiggehend schlecht. Dann muss er ganz plötzlich los, weil er merkt: Das geht nicht gut!

Dann drängelt er alle von der Eckbank, dann fetzt er am Tresen vorbei und biegt rechts ab zu der Tür mit dem kleinen Jungen mit dem Pinkelpott darauf, und dann reißt er die Tür auf. Und schafft es gerade noch rechtzeitig zu einem bidetähnlichen Becken in Brusthöhe mit zwei Haltegriffen. Unklaren Sinnes greift er nach den Stangen, stellt die Füße breit, pendelt sich ein, beugt sich über die Prozellanschüssel, und da schießt es auch schon hoch in ihm – Bier und Schnaps und alles. Wegen der regionaltypischen Feierkultur hat jede münsterländische Dorfkneipe mit Respekt vor dem Stammgast ein Kotzbecken in Brusthöhe. In der gehobenen Gastronomie nennt man es »Vomitorium«. Muss man das gesehen haben? Man wird es sehen!

Adresse nahezu überall | **Tipp** »Die kleine Brennerei« J. Böckenhoff, Kirchplatz 2, 46348 Raesfeld-Erle: Für Genießer und / oder Unverbesserliche, die Wirkung des Übermaßes ist beschrieben und sollte vermieden werden.

69 Die 100-Schlösser-Route

Leezenglück

Einer der schönsten Plätze im Münsterland ist der Fahrradsattel. Münsterland ist Fahrradland. Im Zusammenhang damit sind zwei Begriffe wichtig: »Leeze« – in Münster und drumrum die Vokabel für Fahrrad (an der holländischen Grenze wird gelegentlich auch von »Fiets« gesprochen) – und: »Pättkes«, Westfälisch für Pfad, Feldweg, Wildwechsel und asphaltierte Radstrecken.

Im Großen und Ganzen ist das Münsterland eine flache Landschaft, was den Radsport und den Sportsgeist begünstigt. Es gibt gelegentliche Höhenzüge, die aber allesamt maßvoll sind. Mit den E-Bikes sind auch sie kein Problem, zumal das Netz der Ladestationen kontinuierlich ausgeweitet wird. Über 9.000 Kilometer radtaugliche Wege abseits von Verkehrsstraßen und zunehmend auf aufgegebenen Bahntrassen gibt es. Die Strecken sind gut ausgeschildert und an prominenten Landschaftspunkten mit Aussichtstürmen versehen. Beim »Pättkestouren machen« findet sich eine kaum zu überschauende Menge an Gründen, stehen zu bleiben und zu staunen. Beliebt ist vor allem die 100-Schlösser-Route. Sie führt auf vier Strecken (Nord-, Süd-, Ost- und Westkurs) auf Längen zwischen circa 200 und 300 Kilometern durch das Münsterland. Vorbei an Schlössern, Wasserburgen und Herrenhäusern, kann die gesamte Spannbreite der Architektur (von pompös bis fein-schlicht) und des Gartenbaus (von Kräutergarten bis Landschaftspark) angesteuert und oft auch besichtigt werden.

Aus dem Sattel bekommt man einen guten Eindruck von der ästhetischen Verfeinerung des Münsterländers, von dem ja oft gespottet wird, er sei über den Bier-Schnaps-Schwarzbrot-Horizont nie hinausgekommen. Alles ganz falsch, der Radwanderer sieht an den Herrenhäusern ebenso wie in den oft historischen Innenstädten, wie viel Schönheit der Münsterländer sich leistete. Weiter geht es auf den Pättkes, durch die Parklandschaft, hin zum Landgasthof, zu Bier und Schwarzbrot.

Adresse zum Beispiel Propsteikirche St. Stephanus und Sebastian, Kirchplatz, 59269 Beckum (von dort aus dem Werseradweg folgen), Münsterland e.V. Tel. 0800/9392919 (auch zur Buchung von Unterkünften), www.muensterland-tourismus.de, www.100-schloesser-route.de, die 100-Schlösser-Route stellt im Internet einen GPS-Track zum Download zur Verfügung | **Pkw** stehen lassen | **Tipp** Immer einen Satz Regenkleidung dabeihaben. Wir sind im Münsterland! So ausgerüstet zum Beispiel auf dem Werseradweg nach Drensteinfurt zum Haus Steinfurt, Mühlenstraße 18, 48317 Drensteinfurt, fahren – beeindruckende Wasserburg mit zwei Inseln.

70_ Die Pferdewanderroute
Auf dem Rücken der Pferde …

Einer der schönsten Plätze im Münsterland ist der Pferdesattel. 2012 ist die siebte Teilstrecke einer Reitroute eröffnet worden, die auf 1.000 Kilometern durch das Münsterland führt. Zum Beispiel zieht sich die Etappe von Münster nach Telgte 30 Kilometer lang durch ein idyllisches Waldgebiet mit Wallhecken, Wiesen und Feldern. Insbesondere die Ems-Auenlandschaft mit Heckrindern und Konikpferden begeistert die Reiter. Zwischendurch erscheinen beim Blick durch Büsche und Bäume immer wieder die dunkel geklinkerten münsterländischen Bauern- oder Herrenhäuser.

Die Pferde bewegen sich auf naturbelassenen Wegen oder auf gut zu reitenden Banketten entlang der Wirtschaftswege. Der Spaziergänger beobachtet sehr unterschiedliche Reitinszenierungen: Die einen tragen Helm und Weste oder Jackett und Breeches, die anderen breite Hüte und lange braune Westernmäntel mit verstärkten Schultern. Der Spaziergänger erwartet einen Zusammenprall der Kulturen, aber der bleibt aus.

Die Reitwege sind ausgeschildert und in Karten eingetragen. Diese Karten verzeichnen auch den Katalog der pferdetauglichen Gastronomie, der Hotellerie mit Ställen und der Dienstleistungen von Huf bis Schweif, vom Schmied bis zum Tierarzt. Außerdem warnen die Karten vor schwierigen Straßenquerungen, die vielleicht nicht jedes Pferd mitmacht, und verzeichnen die Verknüpfungen mit weiterführenden Strecken.

Weil die Reitroute vom Verein Münsterland e. V. betreut wird, in dem Kreise und Kommunen zusammengeschlossen sind, wird auch auf bestimmte Standards geachtet: So wird das Personal von Hotels und Restaurants speziell geschult, um auf die besondere Kundschaft eingestellt zu sein. Ein Drittel aller pferdebegeisterten Deutschen, so die Faustformel, wünscht sich einen Reiturlaub. Bei 1.000 Kilometern Reitweg werden Träume wahr, für Menschen, die es wirklich lange im Sattel aushalten.

Adresse zum Beispiel von Hotel und Gasthaus Quante, Walstedder Straße 178, 59227 Ahlen und dann weiter auf der Route Ahlen-Beckum-Wadersloh, www.muensterland-reitroute.de, www.pferderegion-muensterland.de, Tel. 02571/949392 | **Tipp** Für das Westfälische Pferdemuseum im Allwetterzoo Münster kann man Führungen buchen und erfährt alles über Pferde, mit interaktiven Sattelstationen für Reiter ohne Pferd.

71 Der Schlosspark

Flora und die Anarchie

Schloss Nordkirchen gilt – völlig zu Recht – als das westfälische Versailles. Der Prunkbau wurde von Fürstbischof Friedrich Christian von Münster ab 1703 im französisch-klassizistischen Stil erbaut. Zuerst zeichnete die Pläne der münstersche Hofarchitekt Gottfried Laurenz Pictorius und ab 1724 Johann Conrad Schlaun, der überhaupt die schönsten Bauten im Münsterland hinterlassen hat.

Das Schloss ist umgeben von einem Park im barocken Stil. Eine steinerne Flora steht im Ehrenkranz, nahebei lauert ein fellbekleideter Faun mit schicklich verborgenem Gemächt. Der römische Gott Mars mit halb gezogenem Schwert ist trotz Migrationshintergrund perfekt integriert: Er trägt einen wilhelminisch aufstrebenden Schnurrbart und eine Knubbelnase, die man münsterländisch als Schosterhämmerken (Schusterhammer) bezeichnet.

Drinnen im Schloss lernen die zukünftigen Finanzbeamten des Landes Nordrhein-Westfalen Prozentrechnung und Tabellenkalkulation. Draußen der Park erscheint wie die botanische Fortsetzung ihres Denkens in Excel-Spalten. Baum und Strauch und Rasenkante sind gestutzt, gezirkelt, ausgerichtet, kein Grashalm wagt es, ohne Genehmigung zu wachsen. Alle Natur sprießt gehorsam an der Schnur entlang. Alle Natur? Zum Schloss gehört ein Gestüt mit einer ungehörigen Pferdewiese. Auf dieser Wiese herrscht Chaos. Mal mehr, mal weniger abgefressen wuchert in alle Richtungen das Gras, ein munteres Durcheinander. Der Teich ist fast zugewuchert. Nur das gelegentliche Quaken der Frösche lässt erahnen, dass unter dem Schilfrohr brackiges Wasser oder glitschiger Morast verborgen sind.

Diese vielfach grüne, überwucherte, verkommene Weide mit den im Abendlicht gemächlich fressenden braunen Pferden zeigt den grauen Finanzbeamten im Schloss, dass es ein Leben außerhalb der Regeln gibt, und dort herrschen Freiheit und herrliche Unordnung. Man kann im Schloss auch heiraten, ist dann aber wieder dichter an den Finanzbeamten als an der freiheitlichen Unordnung.

Adresse Fachhochschule für Finanzen NRW, Schloß 1, 59394 Nordkirchen, Tel. 02596/9330 | **Pkw** A 1, Ausfahrt Ascheberg, B 58 Steinfurter Straße Richtung Westen, links in die Davensberger Straße, dann Sandstraße, dann Nordkirchener Straße, rechts auf Nordkirchener Straße K 15, links auf Nordkirchener Straße K 3, Alte Ascheberger Straße, weiter auf Schloßstraße K 2 | **Öffnungszeiten** Park ganzjährig zugängig, Schloss nur geführte Gruppen, ohne Anmeldung So, feiertags stündlich, Mai–Sept. 11–17 Uhr, Okt.–April 14–16 Uhr, mit Anmeldung täglich 9–18 Uhr | **Tipp** Das Naturschutzgebiet Hirschpark an der L 810, gegenüber dem Schlosspark, lädt mit dichten Eichen- und Hainbuchenwäldern zum Spazierengehen und Reiten ein.

72___ Der barocke Stiftsplatz

Die Vorteile des Ehekriegs

Nottuln hatte das »Glück«, dass es 1748 in Schutt und Asche versank. Der Ort war damals nicht unbedeutend: Schon im 9. Jahrhundert wurde ein Damenstift gegründet, in dem Heriburg von Nottuln als Heilige verehrt wurde. Um das Stift und die Stiftskirche St. Martinus lagerte sich im Mittelalter die ursprüngliche Siedlungskeimzelle aus dem Stevertal. Ein gelangweilter Kaplan namens Albert Wilkens, der sich in seiner überreichen Freizeit als Heimatforscher versuchte, wollte einst belegen, dass dieses Stift schon im 9. Jahrhundert gegründet worden sei. Zum Beweis legte er eine selbst gefälschte Urkundenabschrift vor, die immerhin fast 150 Jahre, bis 1960, Bestand hatte.

Zum Stift selbst gehörten rund 150 Höfe, deren Einkünfte die adeligen Stiftsdamen bei ihrem gottgefälligen Tun, im Regelfall Beten, unterstützten. Im 18. Jahrhundert fielen mehr als 240 Gebäude einem Brand zum Opfer, der durch einen außer Kontrolle geratenen Ehestreit ausgelöst worden war, was den Stiftsdamen wohl noch einmal die Vorteile der Ehelosigkeit vor Augen führte.

Kulturgeschichtlich hatte dieser Ehekrach aber nachhaltige Folgen, weil nun Nottuln nach den Plänen des Baumeisters Johann Conrad Schlaun neu erstand, schöner als zuvor. Und auch die Stiftsdamen konnten dem Desaster gute Seiten abgewinnen, weil auch ihre Häuser in ausgewogenen Proportionen neu errichtet wurden. Deswegen ist es gut, Zeit mitzubringen, um langsam und genüsslich über den Stiftsplatz zu schlendern und das barocke Ensemble zu bewundern.

An den Häusern wie auch an der Kirche entfaltet sich die Schönheit des hellen Baumberger Sandsteins, der dem gesamten Stiftsbereich, der noch vom schmalen Nonnenbach durchzogen ist, eine heitere, fast südländische Note verleiht. Die Stiftskirche im Zentrum des Ortskerns bewahrt im Turm unter einem Glasdeckel den offenen Eichensarg und darin die Gebeine der heiligen Heriburg.

73__Blaudruck bei Kentrup
Im Wesentlichen blau

Er hat ja nun wirklich alles versucht: hat Landwirtschaft gelernt, dann Forstwirtschaft, eine kaufmännische Lehre absolviert, ist für ein Vierteljahr zu Verwandten nach Amerika ausgebüxt – und hat am Ende doch den Laden der Eltern übernommen. Beziehungsweise beide Läden. Dirk Kentrup betreibt im Schatten der Stiftskirche St. Martinus eine Blaudruckerei und die Stiftsschänke.

Seit 1833 besitzen die Kentrups ihre Blaudruckerei in Nottuln, die damit die älteste in Nordrhein-Westfalen ist. Nach sechs Generationen im Drucken und Zapfen hätte man Dirk Kentrup von vornherein sagen können, dass er seinem Erbe und Schicksal so wenig entkommen kann wie ein Graf/Baron/Erbprinz seiner Wasserburg. Zu stark sind Familiensinn und Heimattreue. Der Besucher geht zunächst in den Hof, wo in einem zweigeschossigen Gebäude die Druckerei untergebracht ist.

Der Blaudruck ist eine alte Kunst: Auf einem langen Stück Stoff wird mit einem sogenannten Model ein Muster aufgedruckt. Das Model besteht aus Holz und Metall, in das die Druckvorlage eingearbeitet ist. So wird wie beim Stempeln eines Papiers das Model immer wieder neu in Farbe getaucht und in genauen Abständen erst vorsichtig, dann mit Kraft aufgesetzt.

Wie der Name sagt, ist Blau die wichtigste Farbe, mittlerweile sind Rot und Grün dazugekommen. Wobei die Farbe nach traditionellen Familienrezepten gemischt wird, weshalb Dirk Kentrup auch weiß, dass selbst bei 95-Grad-Wäschen die Farben über Jahrzehnte nicht verblassen. Der Blaudruck ist eine konservative Kunst. Viele Modelle sind über 120 Jahre alt, manche 180. Man zählt beim Blaudruck nach Epochen (Barock, Biedermeier) und nicht nach Sommer- oder Herbstmode. Nach einigem Zuschauen und Fragen hat man was gelernt und geht zufrieden nach vorn in den anderen Betriebsteil: zu Bier, Pumpernickel und Knochenschinken am Tresen der Stiftsschänke.

Adresse Blaudruckerei Kentrup, Kirchplatz 8, 48301 Nottuln, Tel. 02502/9347, www.kentrup.eu | **Pkw** A 43, Ausfahrt Nottuln, über die L 525 Richtung Nottuln, links in die Mauritzstraße, rechts in die Stiftsstraße zum Kirchplatz | **Tipp** Zwischen der alten Landstraße Coesfeld-Münster (Postweg) und der Bundesstraße 67 liegt mitten im Wald auf dem Daruper Berg eine Kapelle, deren Altarkreuz als wundertätig verehrt wird.

74 Das Mordkreuz für die Mersche von Tilbeck

Der fatale Klang des falschen Reichtums

Das alte Gasthaus Scharlau an der L 550 nahe dem Stift Tilbeck ist nicht allzu groß. Der Mann, der hier gerade mit Getöse Blätter zur Seite bläst, unterbricht seine Arbeit und erzählt, von hier sei einst die alte Frau Mersche aufgebrochen, an dem Abend, den sie nicht überleben sollte. Sie sei wohl auf dem Laerbrock gewesen, wo im Mittelalter der Landtag des Bistums Münster zu tagen pflegte. Im Anschluss an seine politischen Pflichten ging man gewöhnlich in die Kneipe und dann nach Hause. So hatte es die Mersche wohl geplant. In der Kneipe wurde gut gezecht, getanzt, gesungen. Die Mersche, von der es heißt, sie sei nicht arm gewesen, saß abseits, ließ es sich aber gut gehen.

Einen üblen Fehler machte sie, als sie zahlen wollte und dafür allzu lange in ihrem Beutel nach den Münzen kramte. Es klimperte laut. Jeder, der einmal nachts mit reichlich Münzgeld in einer verrufenen Kneipe gestrandet ist, ahnt, dass das kein gutes Ende nehmen kann. Zwei Landsknechte hörten den lieblichen Lärm, schlichen hinaus und lauerten der Mersche auf. Wenige 100 Meter weiter westlich fielen sie über ihr Opfer her. Die Mersche überlebte den Angriff nicht. Für die Landsknechte hatte sich der Mord nicht gelohnt – sie fanden keine Beute, denn in dem Beutel hatten nur alte Nägel geklimpert. Dann wurden sie auch noch erwischt, überführt und hingerichtet. Am Tatort aber wurde 1764 für die Mersche ein Kreuz errichtet, das immer noch gepflegt wird, eine Inschrift »1972« datiert wahrscheinlich eine Restaurierung.

Nur wenige Meter in den Wald hinein finden sich aus dem Spätmittelalter sogenannte Landwehren. Sie sind eine Art Wall- und Grabensystem, das in den unruhigen Zeiten des 14. und 15. Jahrhunderts Schutz gegen durchziehende militärische Einheiten bildete.

Adresse 48301 Nottuln-Schapdetten | **Pkw** A 43, Ausfahrt Nottuln, Appelhülsener Straße B 525, Richtung Nottuln, rechts K 11 nach Schapdetten, rechts Roxeler Straße L 843. Das Kreuz steht an der L 843 zwischen Schapdetten und Stift Tilbeck auf der linken Seite an der Bushaltestelle. | **ÖPNV** Bus R 63, 562 Haltestelle Tilbecker Berg | **Tipp** Nur wenige Meter weiter westlich liegt der »Hexenpött«, hier treten sieben Quellen aus dem Kalkmergelstein.

75__Euregio Outlet Center
Polierte Pracht

Es wurde gebaut, um zu repräsentieren – und das tut es bis heute. Es sollte aussehen wie ein niederländisches Rathaus – und erinnert eher an ein Schloss aus der Renaissance. Manche denken auch an einen Zuckerbäckerbau aus Stalins Zeiten, was aber wohl unangemessen ist.

Gerrit Beltmann aus Enschede errichtete circa 1894 diesen Prachtbau für die Gebrüder Laurenz, die in Ochtrup ein weltweit agierendes Textilunternehmen mit Spinnerei und Färberei aufgebaut hatten. Weil für den Geschmack der Unternehmer, die ihren Firmensitz »leuchten« lassen wollten, der Sandstein nicht hell genug war, wurde er noch weiß verputzt. Die zwei Stockwerke wurden durch das hohe Mansardendach aufgewertet, sodass das ganze Haus höher erscheint, als seine Funktionsräume es nahelegen. Die aufwendig gestaltete Fassade erhebt sich über die Laurenzstraße und wirkt auf den Betrachter am Fuß der Mauer imposant und prachtvoll-herrisch. Die Brüder konnten richtig Eindruck schinden.

Als 1947 ein Großbrand die Lagerhallen zerstörte, wurde der Zentrale vom Kölner Architekten Dominikus Böhm ein glatter, funktionalistischer Rundbau als Eingangshalle angegliedert. Die Wände der sich nach oben kuppelartig verjüngenden Eingangshalle mit dem wundervollen Deckenlicht (und der hallenden Akustik eines Schwimmbades) schmückte ein Mosaikkünstler mit einer Interpretation der »Apokalyptischen Reiter«. Was für ein unglückliches Omen! Die Gebrüder Laurenz gerieten in finanzielle Schwierigkeiten und mussten verkaufen. Auch ihre Nachfolger meldeten 1980 Insolvenz an, Deutschlands größtes Textilunternehmen war am Ende. Lange standen Pracht- und Rundbau leer, seit 2012 gehören beide zu einem Gebäudeensemble des Factory Outlet Ochtrup, der Zuckerbäckerbau als Verwaltungstrakt, die Rotunde als Café. Und beide Gebäude, so unterschiedlich sie sind, haben nichts von ihrer Attraktivität verloren.

Adresse FOC Ochtrup, Laurenzstraße 51–55, 48607 Ochtrup | **Pkw** A 31, Ausfahrt Gronau / Ochtrup, B 54 Richtung Osten, links in Metelener Straße, Professor-Gärtner-Straße, rechts auf Bültstraße, Laurenzstraße L 510 | **Öffnungszeiten** Mo – Do 10 – 19 Uhr, Fr – Sa 10 – 20 Uhr | **Tipp** Das Töpfereimuseum verweist auf einen alten Wirtschaftszweig in Ochtrup. Herausragendes Objekt der Lokalkunst ist der Ochtruper Siebenhenkeltopf, ursprünglich ein Nachttopf, der am Rand gleichmäßig verteilt sieben Henkel aufweist – vermutlich, damit man ihn auch im Dunkel leicht greifen kann.

76 Haus Welbergen

Die Roseninsel

Das Münsterland hat Wasserburgen wie das Ruhrgebiet Currybuden. Man muss nach dem Besonderen schon suchen – Haus Welbergen ist ein weitgehend unbekanntes Schmuckstück. Das Besondere hier ist die Eleganz des Gebäudes und der stimmungsvolle Rosengarten. Die ehemalige Festungsanlage ist von einer breiten Gräfte (Wassergraben) umzogen. Man gelangt, vorbei an einer Mühle mit einem erzromantischen Wasserrad, in den Wirtschaftshof der Vorburg. Auf der linken Seite liegen Wirtschaftsgebäude wie ein Schutzriegel gegen die Welt. Zur Rechten findet sich ein kleiner Park im Stil der Renaissance. Er ist erst 1962 auf dem Grund ehemaliger Wirtschaftsgebäude angelegt worden, orientiert sich aber an historischen Vorbildern.

Der kleine Park ist geometrisch angeordnet, mit Buchsbäumen als Markierungen an den Ecken und zahlreichen unterschiedlichen Blumen und Rosenbeeten, weshalb Welbergen besonders zur Stauden- und Rosenblüte ein exquisites Ziel ist. Geradezu schaut man auf das Wohnhaus, das von einer eigenen Gräfte umschlossen ist. Es stammt in seinen Grundzügen aus dem 13. Jahrhundert, die heutige Gestalt mit dem zeittypischen Dreistaffelgiebel und den axial geordneten Fenstern erhielt es in den Jahren 1560 bis 1570. Entlang der Mauer zur Gräfte wurden kleine, lauschige Gartenhäuschen errichtet.

Man ist versucht, sich für längere Zeit zu einem Tee niederzulassen, muss aber noch das Außengelände ablaufen, Wälder und Wiesen mit altem Baumbestand.

Haus Welbergen wurde nach wechselvoller Geschichte 1929 von dem niederländischen Bankier Jan Jordaan und seiner Gattin Bertha erworben. Nach Jordaans Tod richtete die Witwe 1959 die Bertha-Jordaan-van-Heek Stiftung ein, die einerseits das Haus und die Gartenlandschaft erhält, sich andererseits dem Austausch von Kunst und Wissenschaft zwischen Deutschland und den Niederlanden widmet.

Adresse Wasserburg Haus Welbergen, Bertha-Jordaan-van Heek-Straße 1, 48607 Ochtrup-Welbergen | **Pkw** A 31, Ausfahrt Gronau/Ochtrup, B 54 Richtung Osten, links in Metelener Straße, Professor-Gärtner-Straße, rechts auf Bültstraße, Laurenzstraße L 510 Richtung Steinfurt, am Abzweig Metelen rechts und gleich wieder links auf den Parkplatz | **Öffnungs-zeiten** Informationen und Führungen unter Tel. 02553/972728. Die Gartenanlage ist tagsüber jederzeit zugänglich. | **Tipp** Im Puppen- und Spielzeugmuseum in Ochtrup werden Puppen ab 1900 ausgestellt, eine ganze Welt von Puppen.

77__ Der Kaltbluthof Knoche
Coole Hufe

Kaltblüter erscheinen wie Fossile der Pferdewelt, zeitweise schienen sie gar vom Aussterben bedroht. Es sind Arbeitspferde, gezüchtet, um schwere Arbeiten zu erledigen, die heute vielfach von Maschinen übernommen werden.

Als Bernhard Knoche bei Pferderennen die riesigen Tiere sah, war er hin und weg. Und kaufte gleich ein Fohlen. Im Brotberuf Industrievertreter, lebt er auf einem Hof irgendwo verloren auf dem Land bei Oelde, wo er die Tiere inzwischen züchtet. Betritt Knoche mit einem Futtereimer die Weide, ist er binnen Kurzem umringt von den großen, breitschultrigen Pferden mit den erschreckend ausladenden Hufen. Fünf oder sechs schnaubende Schlachtrösser streiten sich um den Hafer. Offenbar wird beim Fressen die Rangordnung diskutiert. Wer seinen Platz nicht kennt und nicht spurt, wird weggebissen. Und springt zur Seite. Was ungünstig ist für den Besucher, denn das Pferd springt, egal, ob da so etwas Vernachlässigbares wie ein Menschlein steht.

Die Tiere haben Gewalt: Am Strand von Boulogne haben zwei von Knoches Lieblingen ein Fischerboot 80 Meter durch den Sand gezogen. Seine Pferde sind westfälische Kaltblüter. Der Hofherr hat Angloaraber eingekreuzt und im ersten Jahrgang fünf Fohlen aufs Stroh gesetzt: »Münsterländer Originale«, eine Rasse, die es sonst nirgendwo gibt.

Kaltblüter, sagt Knoche, haben ein nervenstarkes, ruhiges Gemüt, sind leicht zu füttern und gut zu halten für jemanden, der unregelmäßig lebt. Sie können sich auch mal eine Woche lang allein auf der Weide beschäftigen. Trotzdem investiert Knoche jede freie Minute in seine Zucht. Für die Pferde und ihre Liebhaber hat er eine Kaltblutroute eingerichtet, auf der man durch das Münsterland fahren oder reiten kann, 25 Kilometer Strecke pro Tag sind drin. Am Ende jeder Tagesetappe trifft man auf einen Hof, wo man die Pferde unterstellt und erst einmal einen Schnaps trinkt.

Adresse Zum Kranenfeld 3, 59302 Oelde, Tel. 0171/7723284, info@kaltblut-knoche.de |
Pkw A 2, Abfahrt Oelde, aus Richtung Dortmund direkt in Weg Zum Kranenfeld, aus
Richtung Hannover rechts und sofort links in Weg Zum Kranenfeld, der Straße folgen,
nach circa zwei Kilometern bei Hausnummer 3 in der Rechtskurve links ab auf den Hof |
Tipp Der Vierjahreszeitenpark in Oelde war 2001 Schauplatz der bisher erfolgreichsten
Landesgartenschau, ein Feld für Flaneure.

78 Die Privatbrauerei Pott's
Das Bier im Pferd

Wir leben in einer Welt des Kommerzes, und da sagen Werbebilder viel aus: Ein Foto auf der Homepage der Pott's Brauerei zeigt ein Pferd, das sich wohlig auf den Rücken gelegt hat, die Beine in die Luft streckt und sich den Bauch massieren lässt. Wie bekommt man ein Pferd, das doch ein Fluchttier ist, dazu, sich hilflos auf den Rücken zu legen? Der Züchter könnte es erklären mit dem Vertrauen, das so ein münsterländisches Tier zu seinem Herrn gefasst hat. Der Braumeister von Pott's könnte auf die Qualität seines Bieres verweisen, das dem Pferd so wohlgetan hat. Aber eigentlich soll das Foto hervorheben, dass die Privatbrauerei, die es seit 1769 in Oelde gibt, großen Wert auf regionale Verbundenheit legt. Im Münsterland verdeutlicht man dies am leichtesten durch die innige Verbundenheit von Pferd und Mensch und Bier.

Im Biermuseum der Pott's Brauerei in Oelde wird die Tradition der einst mehr als 500 westfälischen Brauereien hochgehalten, hier hat sich die Sammlerwut ausgetobt in Brauereikrügen, Bierflaschen und der mit 220.000 Stück weltweit größten Sammlung von Flaschenetiketten westdeutscher Provenienz: Für so ein Thema muss man erst einmal eine Leidenschaft entwickeln! Wer denkt sich so etwas aus? Aber so ist der Münsterländer – manches kann man nicht erklären.

Für die Abstinenzler gibt es ein »BrunnenKino« mit einer multimedialen Show zum Grundstoff des Biers: Wasser. Zeitweilig sprühen 4.500 Düsen einen sieben Meter hohen Vorhang aus Mineralwasser in die Höhe und bilden so die Video-Projektionsfläche. Aber nicht nur die Inszenierung, auch das Getränk selbst wird zum Event. In speziellen Eichenholzfässern reifen Biere wie das Triple-Porter aus amerikanischer Hefe, englischem Hopfen und deutschen Malzen mehrere Monate lang. Was man immer schon ahnte: Bier ist der Wein des Münsterlands. Und den Connaisseuren rundum ebenso kostbar.

Adresse Pott's Brau & Backhaus, In der Geist 120, 59302 Oelde, Tel. 02522/93770, www.brau-backhaus.de | **Pkw** A 2, Ausfahrt Oelde, L 793 Keitlinghauser Straße, im Kreisverkehrs rechts L 793 In der Geist, links Einfahrt über Westring | **Öffnungszeiten** täglich 9–22 Uhr, auf Anfrage länger; Georg-Lechner-Biermuseum 11–19 Uhr, Gesaris BrunnenKino 11–19 Uhr | **Tipp** Im Kindermuseum KLIPP KLAPP können Kinder Dinge ausprobieren, zum Beispiel im historischen Teil einer Wassermühle von 1726 mit echtem Getreide Korn mahlen.

79__Haus Nottbeck

Der Westfale schreibt

In einer malerischen Senke, umgeben von sanftgrünen Weiden und Obstplantagen, liegt das Kulturgut Haus Nottbeck. Das frei stehende Haupthaus und zwei Nebengebäude umschließen einen großen Hof. Umgeben ist das Gut mit einer Gräfte, wie man in Westfalen sagt, einem Graben, der zugewachsen ist mit wasserliebenden Pflanzen wie Lilien und Röhrich.

1987 überließ die letzte Besitzerin das repräsentative, aber reichlich baufällige Gebäude dem Landkreis Warendorf. Seit 2001 beherbergt das restaurierte Ensemble das »Museum für Westfälische Literatur«, wobei Literatur nicht nur in gedruckter Form ausgestellt wird, sondern auch in den Vermittlungsformen Radio, Theater, Internet und so weiter. Entlang einer Zeitleiste werden die Besucher durch die westfälische Literaturgeschichte geführt.

Im Erdgeschoss findet man Werner Rolevincks »Buch zum Lobe Westfalens« von 1474: »Westfalen, von dem ich nun berichten will, ist kein Rebenland, sondern ein Reckenland.« Weiter geht es zu den Epochen des Dreißigjährigen Kriegs und der Aufklärung; Annette von Droste-Hülshoff taucht auf, ebenso wie Ferdinand Freiligrath. Kaum einer hat von Engelbert Kämpfer gehört, dem Westfalen, der im 16. Jahrhundert Russland, Persien und Japan bereiste und ein Tagebuch mit Tusche-Illustrationen zurückbrachte. Eine Holzinstallation versinnbildlicht das Umfeld für die Bergarbeiterliteratur des Ruhrgebiets, ein gigantisches Radio leitet über zum Themenfeld Hörspiel.

Wem das nicht reicht: Jährlich finden rund 25 Veranstaltungen statt, Wanderausstellungen werden gezeigt, und der Westfälische Kurzhörspiel-Wettbewerb »Short Cuts« wird hier ausgetragen. Wer Literatur erleben möchte, kann im Garten spazieren gehen. Hier gibt es eine Hörinsel mit vier Lautsprechern im Rechteck, man setzt sich in die Mitte und lässt sich, eingebettet in die Natur, geschützt durch eine mannshohe Hecke, eine Geschichte erzählen.

Adresse Kulturgut Haus Nottbeck, Museum für Westfälische Literatur, Landrat-Predeick-Allee 1, 59302 Oelde-Stromberg, Tel. 02529/945590, www.kulturgut-nottbeck.de | **Pkw** A 2, Ausfahrt Rheda-Wiedenbrück, Rentruper Straße K 6 Richtung Süden, rechts in Landrat-Predeick-Allee | **Öffnungszeiten** Di–Fr 14–18 Uhr, Sa, So und Feiertage 11–18 Uhr | **Tipp** Das Amateurfreilichttheater Burgbühne Stromberg e. V. existiert seit 1925 mit ungebrochener Beliebtheit beim Publikum. Münsterländische Kulturtradition.

80__ Steveraue Olfen

Urige Viecher

Die Gemeinde Olfen hatte es irgendwann satt, dass sie immer wieder kleine Areale als Ausgleichsflächen für Baumaßnahmen (Häuser, Straßenbau und so weiter) ausweisen musste. Sie entschied sich zu einem großen Schritt: Entlang des Flüsschens Stever wurden im Jahr 2002 100 Hektar als Beweidungsprojekt ausgewiesen. Diese Fläche war zuvor intensiv von der konventionellen Landwirtschaft genutzt worden, mit dem üblichen Übermaß an Dünger in der Hoffnung auf reichlich Frucht. Gleichzeitig wurde die Kanalisierung der Stever rückgebaut, sodass aus dem Wasserlauf wieder ein Flüsschen mit Idyll-Anmutung wurde. Anschließend zäunte man das Gelände ein und überließ es sich selbst – und den angesiedelten Heckrindern und Konikpferden aus Mecklenburg-Vorpommern, die robust genug sind, dass sie das ganze Jahr über im Freien leben. Was bedeutet: Im Sommer lassen sie sich die Sonne auf den Rücken scheinen, im Winter stehen sie im Schnee und bei Hochwasser bis zum Bauch in der kalten Brühe.

Die Viecher in der Aue wurden »ausgewildert«, zum einen, um die urtümlichen Rassen zu erhalten, und zum anderen, um der Landschaft Leben und Bewegung zu verleihen. Heckrinder sind Nachzüchtungen der ausgestorbenen Auerochsen, großrahmige Tiere mit breiten Schultern und ausladenden Hörnern. Sie sorgen einfach durch ihre Anwesenheit dafür, dass das eingezäunte Areal von menschlichem Einfluss unberührt bleibt. Die Gestaltung der Aue übernehmen die Tiere, indem sie die einen Pflanzen abweiden, die anderen nicht und so ein ganz zufälliges Landschaftsbild erschaffen. Andere Tiere gewöhnten sich auch schnell an den Freiraum, seit 2007 haben sich Störche dauerhaft angesiedelt – im Gefolge der Frösche natürlich. Am Rande der Aue stehen Türme, von denen aus man die Natur beobachten kann. Aber je nach Bewuchs sieht man von den Tieren nur den dunklen Rücken, was irgendwie enttäuschend ist.

Adresse 59399 Olfen | **Pkw** A 43, Ausfahrt Haltern, auf der B 58 Richtung Lüdinghausen, Hullerner Straße, rechts ab auf K 8 Kökelsumer Straße, links in Sternbusch | **Tipp** Freizeitpark Gut Eversum verfügt über die größte Spur-0-Modelleisenbahn Europas.

81__ Der Pavillon »La Folie«

Kunst auf hohen Beinen

Wer auf der schmalen, von Bäumen dicht bestandenen Allee nach Ostbevern hineinrollt, sieht rechter Hand eine große Wiese und dahinter einen Wald. Münsterland eben, ländlich und schlicht. Dann plötzlich schiebt sich ein seltsamer Kubus ins Blickfeld. Auf Ständern, damit er über der flachen Wiese das Straßenniveau erreicht, steht ein gläserner Pavillon von einer Modernität, wie sie wirklich nicht ins Bild passt. Es ist die Kunsthalle »La Folie«.

Der Pavillon wurde 2002 als ein Projekt der Regionale 2004 »Links und rechts der Ems« des Landes NRW zur Förderung der kulturellen und touristischen Infrastruktur realisiert. Der Glasblock mit sechs Metern Kantenlänge wurde vom Architekturbüro Wörmann geplant, das sich auf der gegenüberliegenden Straßenseite befindet – in einem ebenfalls sehr unländlich-futuristischen Büro. Die beiden miteinander korrespondierenden Bauten bilden das »Eingangstor« nach Ostbevern.

In den Sommermonaten wird der Pavillon vorrangig für Ausstellungen regionaler Künstler genutzt, in den Wintermonaten ist der gläserne Würfel häufig eine große Vitrine für raumfüllende Kunst-Installationen. In den zurückliegenden Jahren wurde er aber auch von den Schulen und Vereinen der Gemeinde als Ausstellungsraum sowie für Lesungen, kleine Konzerte und auch als »temporäre Kunstkapelle« genutzt. Seit fünf Jahren verantwortet das Kulturforum Ostbevern ehrenamtlich das Programm und sorgt dafür, dass Kultur, auch wenn sie unkonventionell und progressiv ist, nicht allein in den Metropolen stattfindet. Hat man die »Folie« gesehen und dann das »Eingangstor« von Ostbevern durchschritten, lohnt es unbedingt, in den idyllischen Ortskern um die St.-Ambrosius-Kirche zu gehen. Mit etwas zeitlichem Glück kommt man rechtzeitig zum Bauernmarkt und kann sich ein Paar Holzschuhe schnitzen lassen. Gut geeignet, wenn man noch auf die Wiese vor dem Pavillon will.

Adresse Telgter Straße 12, 48346 Ostbevern, der Kubus liegt auf der gegenüberliegenden Straßenseite, www.kulturforum-ostbevern.de | **Pkw** A 1, Ausfahrt Greven, Richtung Osten auf Schiffahrter Damm L 587, dann links auf L 588 Telgter Straße, durch Westbevern bis Ostbevern, links in Telgter Straße, der Kubus liegt rechts | **Öffnungszeiten** So, feiertags 11–18 Uhr | **Tipp** Die »Keimzelle Kunst« in der Hauptstraße 24 vor dem Rathaus ist ein weiterer kleiner Kubus mit wechselnden Ausstellungen und Aktionen.

82 __ Schlosspark Loburg

Eichen und Rhododendren

Die Chance wurde genutzt – 1899 brannte Schloss Loburg herunter bis auf die unverwüstlichen Grundmauern. Barockbaumeister Johann Conrad Schlaun hatte das Haus entworfen, nun war es verloren. Und wurde wieder aufgebaut – im neubarocken Stil, mit Erinnerungen an Schlaun, aber doppelt so groß. Das Schloss ist noch heute im Besitz der Familie, wird aber seit 1951 als bischöfliches Internat genutzt. Es ist daher für Besucher nur zu besonderen (Konzert-)Ereignissen zugänglich.

1903 wurde auch der große Park verwirklicht, der sich heute über vier Hektar erstreckt. Der damalige Schlossherr war botanisch interessiert – und wirtschaftlich auf der Höhe: Aus den Niederlanden bezog er Rhododendren für die Schönheit des Gartens und aus Amerika Douglasien, die er als Grubenholz an den Bergbau verkaufte. Mit dem Bergbau ist es vorbei, heute schmücken die Douglasien und vor allem der Rhododendron den Park. Bis zu fünf Meter hoch ragen einzelne Büsche. Im Mai beginnen sie zu blühen und schwelgen auf mit gelben, blauen, rosa und weißen Blütentrauben. In dieser Zeit werden Führungen durch den Park angeboten, bei denen die zum Teil über 100 Jahre alten Pflanzen beschrieben und erläutert werden.

Viele Gartenelemente sind aus der Frühzeit erhalten – so zum Beispiel eine 300 Meter lange Sichtachse, die vom Schloss in südlicher Richtung zu einem Teich verläuft. Dazu gehört auch ein ausgedehntes Be- und Entwässerungssystem von Gräften. Der Park und die Felder sind noch immer durch das axiale Wegesystem gegliedert, das nach barocken Entwürfen gestaltet wurde.

Wer die Rhododendren-Blüte verpasst hat, kann auch außerhalb der Saison den Landschaftsgarten genießen: die reichen Mischwälder, die vierreihige Eichenallee entlang der Zufahrt aus der Stadt Ostbevern zum Schloss und den sogenannten Loburger Kreuzweg, der mit 14 Stationen durch den Park führt.

Adresse Schlosspark Loburg, Loburg 15, 48346 Ostbevern | **Pkw** A 1, Abfahrt Ladbergen, Richtung Telgte, im Ortskern den Hinweisen »Schloss« oder »Gymnasium« folgen | **Öffnungszeiten** frei zugänglich | **Tipp** Eine Strecke (zum Beispiel nach Telgte oder Glandorf) auf dem Radweg »Friedensroute« fahren, der auf der historischen Strecke von Münster nach Osnabrück (Westfälischer Friede 1648) verläuft. Beginnt im Ortskern.

83__Die Femeiche von Erle
Wenn's der Wahrheitsfindung dient …

1.500 Jahre soll sie alt sein – und man sieht es ihr auch an. Die Femeiche in Erle gehört zu den ältesten Bäumen Deutschlands. Im Volksmund wird sie auch »dusendjohrige Eke« genannt, was aber keine wissenschaftliche Aussage ist, denn Fachleute schätzen den Baum auf 600 bis 850 Jahre. Aber auch damit wäre er wohl immer noch die älteste (Stiel-)Eiche in Deutschland.

Der Name Fem- oder Ravenseiche verweist auf ihre Funktion als Gerichtsort und vielleicht auch Hinrichtungsstätte. Der Rabe gehört zum germanischen Odin, aber er passt mit seinem unheilverkündenden Krächzen gut zur Stimmung eines Blutgerichts. Anders als in heutigen Gothic Novels war im Mittelalter das Femegericht, das unter der gewaltigen Krone der damals noch jugendlichen Eiche zusammentrat, ein ordentlicher Zweig der Rechtspflege. Das Gericht unterstand dem sogenannten »Stuhlherrn«, der im Namen des Kaisers Recht sprach, auch über Schwerverbrecher wie Mörder, Räuber, Brandstifter. Der Resozialisationsgedanke war damals noch nicht so verbreitet, und deshalb bedeutete ein Schuldspruch eigentlich immer den Tod, woran eine Skulptur aus Schwert und Henkerseil erinnert.

Heute ist der zähe Baum völlig hohl und an vielen Stellen auseinandergebrochen. Die Ursache dürfte ein Pilzbefall sein, den im 18. Jahrhundert der damalige Pastor heilen wollte, indem er das Kernholz ausschaben ließ, was den Schaden nur vergrößerte. Die Eiche misst in einem Meter Höhe einen Umfang von gewaltigen zwölf Metern. Dabei reckt und streckt sie ihre Äste in alle Richtungen, sie werden von Latten und Stangen gestützt und von Eisenringen zusammengehalten, sodass der Baum gespenstisch aussieht wie auf einem Gemälde von Salvador Dalí. Es scheint, als wüsste er, dass seine Zeit vorüber ist, wolle es aber nicht wahrhaben. Den Westfalen sagt man gern nach, sie seien bis zur Uneinsichtigkeit dickschädelig: Hier haben sie ihren Wappenbaum.

Adresse Ekhornsloh, 46348 Raesfeld-Erle | **Pkw** A 31, Auffahrt Lembeck, K 13 Lembecker Straße Richtung Westen, Rhader Straße in den Ortskern, in der Straße Ekhornsloh zum Parkplatz vor dem Kindergarten St. Silvester, von dort circa 50 Meter zu Fuß | **Tipp** Auf dem Kunst- und Sagenweg werden an 13 Stationen Scherenschnitte, die Sagen aus Raesfeld, Erle und Homer darstellen, vom Ortskern bis Schloss Raesfeld gezeigt.

84 Löcher im Wald
Kohlenstoff

Vorbei ist vorbei – wo früher nach Kohle gegraben wurde, ragt heute ein hölzerner Turm in die Höhe. 2004 ist er errichtet worden, zur Erinnerung an den Bergbau im Ibbenbürener Land. Er ist das Kennzeichen des Buchholzer Waldes in der Gemeinde Recke, einem der Kerngebiete des Steinkohlereviers von Ibbenbüren. Schon auf der »Oranischen Karte« von etwa 1650, die als die »schönste Karte des historischen Bergbaus« gilt, ist zu sehen, wie die Bergleute in diesem Revier mit der Hacke die Kohle abbauen. Gut zu erkennen ist auch, wie das Wasser aus den nicht allzu tiefen Gruben mit Winden und Eimern ausgeschöpft wird.

Auf einer eigens eingerichteten Wanderroute kann man die Geschichte des Bergbaus bei einem ausgedehnten Waldspaziergang erkunden. Zum Beispiel das Mundloch des Steinbecker Stollens, der 1752 unter preußischer Herrschaft begonnen wurde. Mit diesem sorgfältig ausgemauerten Stollen sollte das Wasser aus einem weiter südlich gelegenen Kohlenfeld abgeleitet werden. Beim Bau stießen die Arbeiter immer wieder auf den »alten Mann«, also alte, aufgegebene Stollen, die schon früher gegraben worden waren.

Der gesamte geologische Raum atmet Geschichte. Ende des 19. Jahrhunderts wurde der Stollen überflüssig. Im letzten Krieg diente er noch dem Luftschutz, heute kann er nicht mehr betreten werden, aber das Mundloch wurde restauriert.

Die circa zehn Kilometer lange Bergbauwanderroute führt an mehreren Stationen vorbei zum Pingenfeld, wo in mal mehr mal weniger gutem Zustand Pingen zu sehen sind, Erdlöcher, die aussehen wie Bombentrichter, aber der Einstieg waren zu Kohlenflözen und Schacht, um die Kohle nach oben zu fördern. Der Weg führt über insgesamt elf Stationen der Bergbaugeschichte in Recke, die jeweils mit eigenen erklärenden Schautafeln ausgestattet sind, und endet am historischen Förderturm und einer Skulptur der heiligen Barbara, die die Schutzpatronin der Bergleute ist.

Adresse Infos: Bergbauhistorischer Verein, Buchholzer Forst, 1650 Recke e. V., Huster-straße 8, 49509 Recke, Tel. 05453 / 96496, herkenhoff.recke@t-online.de | **Pkw** A 30, Ausfahrt Ibbenbüren-West, auf K 6 einfädeln, links auf Rheiner Straße L 501, rechts auf Recker Straße L 603, links auf Im Hagen, Parkplatz, die Zufahrt zum Bergbaurundweg ist ausgewiesen | **Tipp** Das LWL-Museum für Naturkunde unterhält am Rande des seit 1930 geschützten Naturschutzgebietes »Heiliges Meer« eine Außenstelle. Dort werden ganzjäh-rig ein- und mehrtägige Kurse angeboten.

85__Die Münsterländer-Zucht
Wie der Herr, so's Gescherr

Man muss sich seine Leute anschauen: Der Münsterländer gilt als intelligent, ruhig, aber auch temperamentvoll, leistungsstark und wagemutig. Er verfügt über eine rasche Auffassungsgabe und ist familienfreundlich. Er hat große braune Augen, eine hohe Stirn und lange, hängende Ohren. Das sagt man jedenfalls über das Wappentier dieser Region: den Großen Münsterländer.

Karl Wichmann ist Vorsitzender des Verbandes Große Münsterländer e. V. und züchtet den Hund im Garten seines Hauses in St. Vit. Ein Jahr dauert die Ausbildung zur Jagdtauglichkeit inklusive der Schussfestigkeit des Hundes.

Das Tier muss Gehorsam lernen und den Kontakt zum Führer, und dafür ist das beste Mittel von Kindheit an: Loben! Loben! Loben, was das Zeug hält. Alles, was der Hund tun soll – gehorchen, mit dem Führer gehen, apportieren –, muss ihm Spaß machen. Ziel der Ausbildung ist es, dem Jäger einen Partner zu geben, der schon auf den Augenkontakt reagiert.

Wichmann ist in der Landwirtschaft aufgewachsen, war Wirtschaftsberater bei der Landwirtschaftskammer, hat später kaufmännische Fächer an einer Schule in Gütersloh unterrichtet. Die pädagogischen Grundprinzipien seien sich bei den Münsterländern ähnlich, ob zwei- oder vierbeinig: Lob hilft am besten. Der Große Münsterländer ist ein Hund, der für die Jagd gezüchtet wird. Familienhund zu sein ist ihm zu wenig. Er braucht jeden Tag eine Viertelstunde Ausbildung, sagt Karl Wichmann, und dann Bewegung. Wichmann verkauft seine Welpen nur an Leute, die er kennt und schätzt – es sind auch schon welche mit einem langen Gesicht statt eines Hundes aus St. Vit fortgefahren. Der Münsterländer, so erklärt der Züchter, ist leicht zu erkennen. Wenn man ihn fragt: Was willst du trinken, Bier oder Schnaps?, wird er antworten: Den Schnaps zuerst! – Dann ist er allerdings für die Jagd nur noch begrenzt einsetzbar.

Adresse Karl Wichmann, Schlickbreede 11, 33378 Rheda-Wiedenbrück-St. Vit, Tel. 05242 / 34895 | **Pkw** A 2, Ausfahrt Rheda-Wiedenbrück, Rentruper Straße K 6 Richtung Süden, links in St-Viter-Straße L 791, im Ortskern rechts auf Kleestraße, rechts in Schlickbreede | **Tipp** Der Park von Schloss Rheda ist eingebunden in das European Garden Heritage Network. Er ist seit der Landesgartenschau 1988 nach originalen Plänen aus der Zeit um 1900 instand gesetzt worden und ganzjährig zugänglich.

86 Die Europäische Märchengesellschaft

Harry Potter im Kloster

Zu den Kunst-Institutionen, die im Kloster/Schloss Bentlage beheimatet sind, zählt auch die Europäische Märchengesellschaft. Sie wurde 1956 hier gegründet – denn wo kann man eine Märchengesellschaft schöner gründen als in einem Schloss? Der Vereinigung gehören Wissenschaftler unterschiedlicher Fachrichtungen, Erzähler und Künstler und vor allem Märchenliebhaber an. Sie ist die zweitgrößte literarische Vereinigung in Deutschland, aber mit einer europäischen Ausrichtung, weil der Stoff, mit dem sie sich beschäftigt, in fast allen Ländern thematisch verwandt ist.

In Bentlage unterhält die Gesellschaft eine Spezialbibliothek mit Märchentexten und begleitender wissenschaftlicher Literatur. Sie ist im ehemaligen Dormitorium, dem Schlafsaal der Mönche, untergebracht. Der hohe Raum ist zweigeschossig, man blickt in den offenen, aufwendig gezimmerten Dachstuhl, der eine verwunschene Stimmung erzeugt. Irritierenderweise ist hoch oben noch das große hölzerne Rad eines Seilzuges montiert, dessen Zweck in einem Schlafsaal nicht erklärbar ist. Man könnte ein dunkles Geheimnis dahinter vermuten.

Die Einrichtung ist eine skurrile Mischung aus nüchternem Bibliotheksmobiliar und altertümlichen Sitzgelegenheiten mit hohen Lehnen. Das große Fenster, das aussieht wie ein gotisches Kirchenfenster, gibt der Geschäftsstelle etwas zwielichtig Harry-Potter-Haftes. Überall stehen Figuren aus Märchen und Filmen herum, als hätten sie hier ihren natürlichen Wohnraum. Wenn der Münsterländer in diesem kirchenartigen Raum unter dem dunklen Theaterhimmel des Dachstuhls steht, umgeben von raunenden Büchern, dann kann es passieren, dass er nach einer Weile der Stille vom Münster- zum Isländer wird und Elfen und Feen und gehässige Weiblein mit giftigen Spindeln für reale Wesen hält.

Adresse Kloster Bentlage, Bentlager Weg 130, 48432 Rheine | **Pkw** A 30, Ausfahrt Rheine-Nord aus Richtung Bad Bentheim und Osnabrück, B 70 in Richtung Süden, über Pappel-allee und Schloßweg (die verwunschene Strecke); aus Richtung Münster B 481 oder B 54; der Ausschilderung »Zoo« folgen. Parken an der Saline Gottesgabe, 10 Minuten Fußmarsch zum Kloster Bentlage | **ÖPNV** Rheine Hauptbahnhof Buslinie C12 Saline / NaturZoo bis zur Haltestelle Saline, circa 10 Minuten Fußmarsch zum Kloster Bentlage | **Öffnungszeiten** Di – Do 9 – 16 Uhr, Mo und Fr 9 – 12 Uhr | **Tipp** Das Falkenhof-Museum in der Tiefe Straße verfügt über ein erstaunliches unterirdisches Kanalsystem, das dort erst 2003 entdeckt wurde. Ein Ort für Unholde und Vampire.

87 Das Kunstkloster Bentlage
Paradies im Rahmen

Wen das Navi falsch führt, den führt es richtig, von ganz hinten über die lange Strecke durch den Wald. Die Wege sind nur für die Landwirtschaft und die Besucher des Klosters gedacht. Man schlängelt sich auf einer immer schmaler werdenden, gewundenen Straße an Radfahrern mit Hunden, Joggern und wechselndem Wild vorbei und dann, wenn man denkt, jetzt kann nur noch tiefer Morast kommen, steht man vor einem schmiedeeisernen Gitter, das von zwei Torhäusern gehalten wird. Durch das Gitter hindurch sieht man am Ende eines langen Weges die weiße Front des Kulturklosters Bentlage.

Der Ostflügel des Gebäudes birgt zwei Sammlungen, die die Kunst- und Kulturgeschichte Westfalens vom Mittelalter bis heute dokumentieren. Besondere Highlights sind die beiden Paradies- oder Reliquiengärten, großformatige Kreuzdarstellungen, die mit einer Überfülle von Figuren ausgestattet sind und Dutzende Geschichten erzählen. Man kann Stunden vor ihnen verbringen und sich in Details verlieren. Im Obergeschoss liegt die »Westfälische Galerie«, die die Entwicklung der Moderne in Westfalen dokumentiert. Zum Kunstkloster gehören noch eine Druckwerkstatt, wechselnde Ausstellungen und Konzerte.

In den Zimmern der beiden Torhäuser kann man übernachten. Sie sind klösterlich schlicht eingerichtet. Modernen Kram wie Telefon, Fernsehen oder WLAN gibt es sowieso nicht, aber auch keine Stühle auf den Zimmern. Wahrscheinlich, weil der Mönch entweder betet, arbeitet oder schläft. Also hängt der Gast seine Hose über die Bettumrandung, stopft sich ein Kissen hinter den Rücken, lehnt sich an die Wand und genießt die Ruhe.

Die Luft ist klar und waldfeucht, die Nacht ohne künstliches Licht schwarz und schweigend, wie der Dichter sie besingt. Der Besucher fühlt sich wie auf einer Zeitreise in eine Epoche, in der es keine künstliche Energie gab. Schlimmstenfalls ist er auf einer Reise in die Zukunft.

Adresse Bentlager Weg 130, 48432 Rheine | **Pkw** A 30, Ausfahrt Rheine-Nord aus Richtung Bad Bentheim und Osnabrück, B 70 in Richtung Süden, über Pappelallee und Schloßweg (die verwunschene Strecke); aus Richtung Münster B 481 oder B 54; der Ausschilderung »Zoo« folgen. Parken an der Saline Gottesgabe 10 Minuten Fußmarsch zum Kloster Bentlage | **ÖPNV** Hauptbahnhof Rheine Bus C12 Saline / NaturZoo bis zur Haltestelle Saline, circa 10 Minuten Fußmarsch zum Kloster Bentlage | **Öffnungszeiten** Di – Sa 14 – 18 Uhr, So und Feiertage 10 – 18 Uhr | **Tipp** Die Außenanlage der Saline Gottesgabe kann jederzeit besichtigt werden, das Salzsiedehaus mit seinen historischen Siedepfannen, Feuerungsstätten und Salzlagern ist nur im Rahmen einer Führung oder eines museumspädagogischen Programms zugänglich.

88 Bockholter Emsfähre
Rudern bis zum Schluss

Vor 18 Jahren hat er damit angefangen, jetzt kommt er »aus der Nummer nicht mehr raus«, sagt Bernd Poll. Er ist der Fährmann über die Ems. Seit mindestens 1858 gibt es in der Nähe von Rheine eine Fähre über die Ems, die die Orte Mesum und Elte miteinander verbindet. In früheren Zeiten war diese Verbindung so wichtig, dass die Konzession für die nahe gelegene Restauration nur in Verbindung mit der Verpflichtung erteilt wurde, diesen Übergang über die Ems aufrechtzuerhalten.

Die Gaststätte »Zur Bockholter Emsfähre« gibt es heute noch, wichtig ist sie vor allem für die Radfahrer, die hier einkehren und dann auf der Fähre die Ems überqueren. Dabei treffen sie auf Bernd Poll. Als Poll in den 90ern gefragt wurde, ob er nicht die Fähre übernehmen könne, hatte er mit seinem Montagebetrieb eigentlich ausreichend zu tun. Er ließ sich trotzdem auf die Sache ein, und seitdem hat er sie »an der Backe«. Die Fähre ist ein Metallkasten, der auch schon etliche Jahrzehnte auf dem Buckel hat und außerdem schnittig geformt ist wie ein Schuhkarton.

Ende des letzten Krieges sprengten deutsche Soldaten die Vorgängerfähre, um den britischen Vormarsch aufzuhalten, was bekanntlich nur unwesentlich gelang. Nach dem Krieg wurde jenes Gefährt aus den Beständen des Wasser- und Schifffahrtsamtes geholt, das hier bis heute seinen Dienst tut – und jedes Jahr renoviert wird. Der Antrieb der Fähre ist Bernd Poll, der den Kahn mit Hilfe einer Laufrolle auf einer Leine quer über den Fluss zieht. Nun gut, die Ems ist an dieser Stelle weder breit noch reißend, das kann man schon schaffen.

Die Fähre wird nur in den Sommermonaten betrieben, wenn die Touristen unterwegs sind, denn für den Berufsverkehr wird sie nicht mehr gebraucht. Vielleicht wird sie irgendwann auch gar nicht mehr gebraucht. Bernd Poll denkt, wenn er aufhört, hört auch die Fähre auf. Dann wäre die Ems um eine Attraktion ärmer.

Adresse Zur Bockholter Emsfähre 111, 48432 Rheine-Elte, Tel. 05975/300230 | **Pkw** Aus dem Ortskern Emsdetten über die Sinninger Straße L 590 Richtung Südwesten, dann rechts auf B 481, rechts auf Brückenstraße L 578, rechts auf Südstraße, links Zur Bockholter Emsfähre. Ziel liegt am Fluss. | **Öffnungszeiten** Fährzeiten Mai–1. Okt. Sa, So und an Feiertagen 11–18 Uhr, Mi 14–18 Uhr | **Tipp** Die Fachwerkhofanlage Pöpping, Rheine, ist eine große Hofanlage und vermittelt alle Aspekte des Landlebens.

89 Das Holtwicker Ei
Teufelswerk – mal wieder

Das Holtwicker Ei liegt inmitten einer gutbürgerlichen, schmucken, sehr aufgeräumten Siedlung von Einfamilienhäusern. Im Zentrum der Wohnanlage befindet sich ein kreisrunder Kleinpark mit hohen Bäumen, getrimmten Büschen und manikürtem Rasen, mittendrin das Holtwicker Ei. Schon die gepflegte Umgebung macht deutlich, dass der Teufel, der alte Anarchist, hier keine Chance hat – heute nicht mehr.

Der Legende zufolge glaubte in früheren Zeiten Beelzebub, er könne den neuen christlichen Glauben aufhalten, indem er durch Steinwürfe die Kirchen zertrümmerte. Um sicherzugehen, verwendete er eine großkalibrige Waffe – die moderne Forschung schätzt das Holtwicker Ei auf circa 30 Tonnen.

Mit dieser Last im Ärmel konnte der Teufel nicht über Land fliegen, außerdem war ihm ein Eichenwald im Weg. Also versuchte er, die kleine Kirche von Holtwick aus der Ferne zu treffen. »Holt wiek oder ik smiet!«, soll er ausgerufen haben. Aber entweder er verschätzte sich mit der Flugbahn, oder er war nicht gut im Training, denn wie jeder weiß, Bosheit allein reicht nicht. Das Ei jedenfalls flog zu kurz und schlug in der freien Landschaft ein, der Ort trägt seitdem den Namen Holtwick.

Der gegenwärtige Stand der Auseinandersetzung Teufel versus Christen ist der, dass die heidnische Kultstätte, die in der Nähe von Holtwick lag, seit Jahrhunderten unwiederbringlich überbaut und das Granitgeschoss des Teufels von einem Korsett ordnungsliebender Klinkerbungalows eingefasst ist – der Schwefelige hat auf ganzer Linie verloren. Gesteinsvergleiche haben ergeben, dass der Teufel den Brocken aus der Gegend von Filipstad in Schweden herbeigeschleppt hat. Und zwar vor ungefähr 200.000 Jahren (Saaleeiszeit), was deutlich vor der Einführung des Christentums im Münsterland liegt. Der Pferdefuß muss also andere Motive gehabt haben. Ungeachtet dessen steht der Stein unter Naturschutz.

Adresse Unweit der B 474, Am Holtwicker Ei, 48720 Rosendahl-Holtwick | **Pkw** A 31, Ausfahrt Legden / Ahaus, B 474 südlich durch Legden nach Holtwick, von Legdener Straße links in Markenwaldstraße, rechts in Am Holtwicker Ei | **Tipp** Im Torhaus von Haus Holtwick, einem asymmetrischen Fachwerkbau in typisch münsterländischem Stil, ist die Tordurchfahrt auf eine Seite versetzt, sodass der umliegende Baukörper groß gehalten werden konnte.

90__ Wildfreigehege Nöttler Berg
Der um den Wolf schleicht

Vielleicht möchte man ja mit seinen Kindern die Natur erkunden. Oder mit der Liebsten an einen Ort, an dem man ihr zeigen kann, dass in diesem Mann ein Beschützer steckt. Die 25 Hektar des Wildfreigeheges Nöttler Berg bieten eine gute Kulisse für beides. Die wilden Tiere sind natürlich jeweils im Gehege, aber man kommt ihnen sehr nahe. Man trifft auf heimisches Wild wie Wildschweine, Mufflons oder Rotwild. Aber eben auch auf Exoten wie stumpfnasige Vietnamesische Hängebauchschweine, weiße Ungarische Steppenrinder oder langbeinige Timberwölfe. Pfauen und Hühner laufen frei umher, was einem das sichere Gefühl vermittelt, dass die Wölfe gut unter Verschluss sind. Letztere haben ihre eigene Agenda, sind immer in Bewegung und lassen sich gern suchen. Der »Nach-dem-Wolf-forscht« läuft am Zaun auf und ab, aber der Wolf weiß mit der Deckung zu spielen.

Insgesamt leben 40 Arten im Saerbecker Wald, darunter Bisons und sogar rückgezüchtete Auerochsen mit schwarzem Fell und beeindruckenden Hörnern. Der Biber hockt im Wasser und nagt am Holz. Den kann man auch nicht anfassen. Einfacher dagegen sind die Steppenrinder zu handhaben. Sie stehen gemütvoll am Futtertrog und lassen sich streicheln, wobei man als Mann eine beeindruckende Figur macht, wenn man sich ohne Furcht den riesigen Hörnern nähert. Was in Wahrheit relativ risikolos ist, die Ungarn machen einen sehr gelassenen Eindruck. Die lieben Kleinen können, wenn sie sich sattgesehen haben, auf einem Pony reiten.

Das Angenehme in diesem Wald ist, dass man so ganz ohne Tierparkgefühl zwischen Bäumen und Sträuchern schlendert und sich mit ein wenig Phantasie einreden kann, man würde die Tiere in freier Wildbahn beobachten. Sie entscheiden selbst, wann sie sich dem Menschen nähern, sie sind nicht dressiert und haben keine festen Fütterungszeiten. Man muss also ein wenig Geduld mitbringen, wie im wirklichen Wald.

Adresse Westladbergen 30a, 48369 Saerbeck, Tel. 02574/474 | Pkw A 1, Ausfahrt Ladbergen, über die B 475 Richtung Westen, zwischen Saerbeck und Ladbergen, dann Abzweig auf Waldweg, Schild beachten | ÖPNV Bus S 50, Haltestelle Niehoff | Öffnungszeiten im Sommerhalbjahr Mo – Fr 9 – 18 Uhr, So und Feiertage 9 – 19 Uhr; im Winterhalbjahr maximal bis Einbruch der Dunkelheit; im Dez. geschlossen | Tipp Die Sinninger Mühle bietet, allein auf weiter Flur, einen weiten Blick über die Landschaft.

91 Haus Schücking

Levins Vermächtnis

Das Gebäude ist beim ersten Anblick eher unauffällig. Es liegt im Ortskern, im Schatten von St. Johannes Evangelist, aber es duckt sich ein gutes Stück zurückgesetzt von der Straße unter schweren alten Bäumen. Das Anwesen hinter der Backsteinmauer würde kaum Blicke der Passanten auf sich ziehen, wäre da nicht dieses eigentümliche Haus. 1754 wurde es von Johann Conrad Schlaun errichtet, ebenjenem Architekten, der auch das Rüschhaus westlich von Münster gebaut hat, wo Annette von Droste-Hülshoff lebte.

Im Haus Schücking lebte in den 1850er Jahren der weltläufige Literat und Publizist Levin, einer der Nachfahren des Erbauers Schücking. Levin hatte den Geschmack, den schmucken Mittelgiebel errichten zu lassen, und die Geschmacklosigkeit, Schlauns ausgewogene Komposition durch Hinzufügung des Sudflügels aus dem Gleichgewicht zu bringen. Levin Schücking war lange Jahre enger Freund und Mitarbeiter von Annette, woraus sich eine ganz eigene Verbindung von Architektur (Schlaun) und Literatur (Hülshoff/Schücking) ergibt. Seine Freundschaft mit Annette hatte Schücking durch grobe Unhöflichkeit verdorben, Schlauns Entwurf durch die Anbauten.

Das Gebäude ist heute in Privatbesitz, kann also nicht besichtigt werden. Der Garten und die Gartenseite des Hauses sind die besonderen Schmuckstücke der Anlage und werden geöffnet, wenn eine der regelmäßigen Ausstellungen unter dem Titel »Kunst im Garten« stattfindet. Im ehemaligen Kötterhaus ist die Umwelt- und Menschenrechtsgruppe »urgewald« untergebracht, die von einer Nachfahrin Schückings gegründet wurde. »urgewald« mobilisiert Proteste gegen deutsche Konzerne und Banken, deren Auslandsinvestitionen Menschenrechte verletzen und Naturräume zerstören. Das Engagement des Vereins löste bei manchen Nachbarn Irritationen aus: »Man blickt ja nich duach.« Man könnte aber auch einfach mal zu einer der Ausstellungen in den Garten gehen.

Adresse Von-Galen-Straße, 48336 Sassenberg, www.urgewald.de | **Pkw** Von Warendorf Sassenberger Straße L 830, Kreisverkehr zweite Ausfahrt Sassenberger Straße B 475, rechts in Warendorfer Straße B 513, links in Warendorferstraße, weiter auf Schürenstraße, weiter auf Von-Galen-Straße | **Tipp** In nördlicher Richtung Füchtorf mit der Doppelschloß-anlage Harkotten an der B 475, aus eins mach zwei, Schlösser gibt es scheint's im Über-fluss (10 – 18 Uhr).

92 Bildstock Artkamp
Gottvertrauen

Zahlreiche Bildstöcke und Wegekreuze zeugen von einer jahrhundertealten, vor allem katholischen Frömmigkeit im Münsterland. Man kann sich kaum im Kreis drehen, ohne dass ein Kreuz oder ein Bildstock ins Blickfeld gerät. An vielen alten Brücken steht eine Statue des heiligen Johannes von Nepomuk, in dessen Zuständigkeit der Schutz vor den Gefahren des Wassers gehört. Ob es hilft? Es schadet jedenfalls nicht.

Der Westfale, und erst recht der Münsterländer, ist ja ein Charakterkopf von großer Beharrungsfreude. So konnten ihn auch die verschiedenen antireligiösen Strömungen des Kulturkampfes im 19. Jahrhundert oder der Nazizeit nicht daran hindern, seine Bildstöcke und Wegekreuze zu pflegen und auch neue aufzustellen. Wie wichtig sie auch heute noch sind, konnte man nach dem Anschlag auf das World Trade Center 2001 sehen, als an manchen der Wegekreuze Blumen für die Opfer des Attentats lagen.

An einer viel befahrenen Straße in Füchtorf finden sich gleich zwei Stätten, die beide Geschichten von regionaler Frömmigkeit und Gottvertrauen erzählen: So hat der Urgroßvater der Familie Artkamp ein Kreuz, das schon lange im Besitz der Familie war, neu errichtet, als sein Vieh nicht gedeihen wollte. Nach der Neuaufstellung änderte sich das schlagartig. Von diesem alten Kreuz ließ der Nachfahre Anfang der 70er Jahre einen Abguss aus Kunststoff anfertigen, der mit einem neuen Kreuzbalken an der Hofeinfahrt aufgestellt wurde. Eine ähnliche Geschichte von Gelübde und Heilung, die bis 1878 zurückreicht, erzählt das Heiligenhäuschen daneben.

Heute sind die landschaftsprägenden Bildstöcke selbst in Gefahr. Sie werden Opfer von Verkehrsunfällen, weil gut ausgebaute Landstraßen zur Überschätzung des Fahrvermögens verleiten; auch die Luftverschmutzung setzt ihnen zu. Doch nach dem Denkmalschutzgesetz von 1980 werden die Wegebilder inventarisiert und Restaurierungsmaßnahmen gefördert.

Adresse Hof Artkamp, Elve 6, 48336 Sassenberg-Füchtorf | **Pkw** A 1, Ausfahrt Ladbergen, B 475 über Glandorf nach Füchtorf, links Laerer Straße, dann rechts | **Tipp** Füchtorf ist eine Spargelstadt, Spargelhof Johannes Potthoff ist nur ein Vorschlag, es gibt hier etliche Spargelproduzenten.

93___Feinbrennerei Sasse

Korn und Doppelkorn

Der Münsterländer hatte seit je ein kumpelhaftes Verhältnis zum Schnaps. In der Mitte des 19. Jahrhunderts wurden in Westfalen circa 1.200 Kornbrennereien gezählt, viele davon im Kernland um Münster. Gastwirte weisen darauf hin, dass früher mehr Schnaps als Bier getrunken wurde, bis mit der Erfindung des Herrengedecks aus 1 Bier & 1 Schnaps eine gewisse Mäßigung eintrat. Mittlerweile ist eine kulinarische Verfeinerung des Geschmacks eingetreten, die auch den Spirituosenkonsum veränderte. Der harte Korn bis Doppelkorn ist zwar noch immer ein populäres Wirkungsgetränk, wurde aber veredelt.

Die kleine Brennerei Sasse (seit 1707) stellt ihren Lagerkorn im Pot-Still-Verfahren der schottischen Whiskybrennereien her. Anschließend lagert er vier Jahre lang in Barriquefässern, so wird er würzig und mild, weshalb Fernsehkoch Horst Lichter ihn zum »Grappa des Münsterlands« erhob. Was auch stimmt, weil die Zutaten zumeist aus der Region stammen und das Wasser aus einer Quelle am Schöppinger Berg. Zu den Bränden kommen noch Liköre, zum Beispiel auf Wacholder- und Holunderbasis. Mit dem Benediktinerkloster Gerleve (sprich »Cherleve«) und der Fachhochschule Münster erarbeitet die Brennerei die Weiterentwicklung eines Kräuterschnapses auf der Grundlage eines historischen Rezepts der Mönche. So werden die gewachsenen Rohstoffe des Münsterlandes – Korn, Kräuter, Geist und Geistlichkeit – zu einem regionaltypischen Produkt zusammengeführt.

Mit der Veredelung des Freudenspenders hat der kleine Familienbetrieb auch international Erfolg errungen: Sasse ist die einzige von circa 700 Kornbrennereien in Deutschland, die den Titel »World Class Distillery« tragen darf. Wer die Schnapsmanufaktur auf dem Hügel besucht, kann dort an einem Destillateurkurs teilnehmen – und sich anschließend in der heimischen Garage sehr glücklich machen. Aber ob das noch der Verfeinerung dient?

Adresse Düsseldorfer Straße 20, 48624 Schöppingen, www.sassekorn.de | **Pkw** A 31, Aus-
fahrt Heek, Ahauser Landstraße B 70 nach Nordosten, im Kreisverkehr 1. Ausfahrt auf
Bahnhofstraße B 70, weiter auf Schöppinger Damm L 579, 2. Kreisverkehr 2. Ausfahrt
Bürgerweg, auf Hauptstraße bleiben, rechts Bergstraße, weiter auf Leipziger Straße, weiter
auf Düsseldorfer Straße | **Öffnungszeiten** Termine für Führungen: Mo−Do (ab 10 Perso-
nen), 15 Uhr Schnupperführung, 17 Uhr Genussführung / Genussabend / Landlust; Fr
(auch Kleingruppen), 15 Uhr Schnupperführung, 17 Uhr Genussführung / Genussabend /
Landlust; Sa (auch Kleingruppen), 10 und 12 Uhr Schnupperführung, 13.30 und 17 Uhr
Genussführung / Genussabend / Landlust | **Tipp** Die grenzüberschreitende Kunstroute ist
ein Euregio-Gemeinschaftsprojekt und führt über Schöppingen-Ahaus-Haaksbergen-
Diepenheim. Insbesondere für Radler mit Neigung zur Kultur ein Highlight.

94 Das Künstlerdorf
Dichterleben

Die Brüder Krechting, die im 16. Jahrhundert die Täuferbewegung in Münster anführten, stammten aus Schöppingen, was dem Ort eine gewisse historische Berühmtheit verleiht. Danach passierte nicht viel, bis von 1963 bis 1987 eine Raketeneinheit der Nato hier stationiert wurde. Die Raketen wurden nie abgefeuert, der Friede blieb erhalten. Um – bei allem schuldigen Respekt – dem Ort Bedeutung zu verleihen, wurde die Stiftung Künstlerdorf Schöppingen angesiedelt. Ihre Aufgabe ist es, Literatur, bildende Kunst, Neue Medien und interdisziplinäre Projekte sowie experimentelle Kompositionen intensiv zu fördern. Vielleicht ist es wirklich so, dass der ländliche Raum die Kreativität fördert und fordert, denn wer einmal am Sonntagnachmittag die Hauptstraße entlangspazierte, ahnt, wie viel Schöpferkraft es braucht, diese Ruhe zu überstehen.

Die Ateliers und Wohnungen des Künstlerdorfes Schöppingen sind in zwei komplett renovierten Bauernhöfen vom Anfang des 19. Jahrhunderts eingerichtet. Man sieht viel Fachwerk und Backstein, ein großer Hof mit angedeuteter Wiese repräsentiert das Ländliche. Es stehen insgesamt acht Wohnungen für Autoren und sechs Ateliers für bildende Künstler zur Verfügung. Daneben gibt es unter anderem Werkstätten, Veranstaltungs- und Galerieräume.

Das Künstlerdorf ist nämlich nicht allein dazu da, circa 30 Stipendiaten im Jahr das Leben und Arbeiten zu ermöglichen, sondern hier wird auch die Kunst für den Ort aufbereitet. Da gibt es die Einzelausstellung einer Stipendiatin, die Landschaft mit bunten Strohhalmen interpretiert, oder ein Sammelprojekt zum Tod der Rockmusik, an dem so unterschiedliche Institutionen wie das Künstlerdorf, das rock'n'popmuseum in Gronau und das Museum für Sepulkralkultur in Kassel beteiligt sind – wenn irgendwo der Rock mit Anstand zu Grabe getragen wurde, dann in Schöppingen. Andererseits – gerade hier entsteht mit öffentlicher Förderung die Kunst von Neuem. Kein Ende also.

Adresse Stiftung Künstlerdorf Schöppingen, Feuerstiege 6, 48624 Schöppingen, www.stiftung-kuenstlerdorf.de | Pkw A 31, Ausfahrt Heek, Ahauser Landstraße B 70 nach Nordosten, im Kreisverkehr 1. Ausfahrt auf Bahnhofstraße B 70, weiter auf Schöppinger Damm L 579, 2. Kreisverkehr 2. Ausfahrt Bürgerweg, weiter auf Hauptstraße, rechts in Feuerstiege | Tipp Das alte Rathaus von Schöppingen, münsterländische Renaissance, wunderschöner Bau, vermutlich von 1513, sieht schlicht aus, hat aber einen raffinierten Schmuck in Fassade und Giebel.

95 Das Heimatmuseum

Tante Emmas vergessener Laden

Der Architekt aus Münster war ein Patriot. Als Anton Nordhoff das Rathaus in Borghorst (heute Steinfurt) entwarf, ließ er sich vom preußischen Reichsadler inspirieren. Von einem nahezu runden Treppenhaus in der Mitte (Brust und Herz) gehen zwei Trakte ab, die sich leicht nach unten spreizen (Flügel). Der Treppenaufgang liegt dort, wo des Adlers Krallen blinken. Einzig dort, wo das Hirn des Adlers sitzen sollte, ist nichts, respektive der Parkplatz. Was aber unter Umständen eine hintersinnige List des Architekten gewesen sein mag.

Mit diesem Grundriss ist der vaterländische Bau von 1887 wahrscheinlich einzigartig. Das Rathaus ist längst ausgezogen, der Heimatverein hat übernommen, meist ältere Herren mit gravitätischen Bewegungen, wie sie zum Geist des Hauses passen. Aber sie sind hochaktiv! Fragt man in der Umgebung, so sind die Leute vom Heimatverein Borghorst wie Wegelagerer: Wann immer wo was Altes rumliegt, sacken sie es ein.

Man sieht es im Tante-Emma-Laden des Museums, der so prall und voll und lebensecht ist, als hätten die letzten Kunden gerade erst ihre Kolonialwaren eingekauft. Hochräder stehen herum, eine komplette Bauernküche, bereit für eine Dorfhochzeit, eine Apotheke mit unüberschaubar vielen Flaschen und Phiolen. Unter dem Dach ist eine Tenne nachgebildet mit den landwirtschaftlichen Geräten, mit denen sich Münsterländer in früheren Zeiten ihr Brot erarbeiteten.

Es ist aber nicht allein die Menge der sorgfältig aufgearbeiteten Exponate, die beeindruckt. Die Zimmer im Haus erwecken den Eindruck, als seien sie mit allen Sinnen aus der individuellen Erinnerung der älteren Herren rekonstruiert. Tante Emmas Laden verführt dazu, sich wie ein kleines Kind zu fühlen, das am liebsten hinter den Tresen schleichen und in der Wunderwelt der exotisch duftenden Dosen spionieren möchte, wo es süße, klebrige Dinge vermutet. Ein toller Laden.

Adresse Heimathaus Borghorst, Münsterstraße 7, 48565 Steinfurt-Borghorst, www.heimathausborghorst.de | **Pkw** A 31, Ausfahrt Gronau / Ochtrup, B 54 Richtung Westen, Ochtruper Straße L 510, weiter Burgsteinfurter Straße, dann rechts auf Westfalenring, links in Meerstraße, links in Münsterstraße | **Öffnungszeiten** Mi 15 – 16.30 Uhr, am 2. So im Monat 15 – 17.30 Uhr und nach Vereinbarung unter Tel. 02552 / 2963 | **Tipp** Das HeinrichNeuyBauhausMuseum zeigt Arbeiten von Heinrich Neuy und weiteren Bauhausschülern.

96_ Der Bagno

Flanieren zwischen Licht und Wasser

Steinfurt besteht aus zwei Ortsteilen, Borghorst und Burgsteinfurt. Dazwischen liegt das Bagno von 1765. Graf Karl Paul schwebte nach Manier der französischen Könige ein weitläufiger Park vor. Der Name leitete sich von einem Badehäuschen her – italienisch »il bagno«, das Bad.

1787 führte der erste Grundrissplan 105 verschiedene Bauwerke auf, Wasserspiele, Brücken, Statuen und dergleichen, die auf den relativ überschaubaren 125 Hektar teilweise sehr dicht beieinanderlagen. Zentral ist noch heute der See mit fünf Inseln, die durch unterschiedliche Brücken zum Teil erschlossen sind.

Später wurde der Garten ein englischer Landschaftspark mit geschwungenen Wegen und weiten Rasenflächen. Als Napoleon kam, wurde er wieder französisch, nämlich annektiert. Danach begann der Niedergang des Parks, denn die Kosten für seinen Erhalt waren nicht mehr aufzubringen, zeitweilig verkam er zum Forstbetrieb. Ab 1952 wurde der Bagno vom Golfclub genutzt und somit für seine ursprüngliche Nutzung als Freizeitpark wiedergewonnen.

Von den einstigen Gebäuden stehen heute nur noch drei. Das Kleinod ist die renovierte Konzerthalle von 1774, die als die erste frei stehende Konzerthalle in Europa gilt. Sie ist ein Traum aus Parkett, Lüstern und Spiegeln.

Den Weg hierher bildet die alte barocke Achse. Auch sie wurde erst vor wenigen Jahren »wiederentdeckt« und neu gestaltet, sodass sie ihrer einstigen Aufgabe, den Konzertbesuchern während der Pausen das Flanieren zu ermöglichen, wieder gerecht werden kann. Rotbuchenhecken erinnern an die Seitenspaliere von einst und schaffen jenen ruhigen Raum, den die Spaziergänger, versunken in Gedanken oder kulturvolle Gespräche, so sehr schätzen. Bänke an den Seiten, ein Wasserband mit Fontänen in der Mitte und nachts die beleuchteten Hecken – so werden die historischen Gartenthemen Wasser und Illumination in die Moderne geholt.

Adresse 48565 Steinfurt-Burgsteinfurt | **Pkw** A 31, Ausfahrt Gronau/Ochtrup, B 54 Richtung Westen, Ochtruper Straße L 510, weiter Burgsteinfurter Straße, dann rechts auf Parkplatz | **Öffnungszeiten** jederzeit zugänglich | **Tipp** Die Burg Steinfurt ist in Privatbesitz und nur von außen zu besichtigen, entweder vom Park aus oder aus der recht malerischen Innenstadt von Burgsteinfurt.

97 Denkmalpflege-Werkhof

Die Kunst der Wiederbelebung der Kunst

Früher zeigte die Länge der Auffahrt bis zum Herrenhaus, welche Bedeutung der Besitzer sich zumaß. Die Zufahrt zum Denkmalpflege-Werkhof ist eine mehrere 100 Meter lange, schnurgerade, baumbestandene Allee. An ihrem Ende stößt man auf den massigen Granitsockel eines ehemaligen Denkmals. Kaiser Wilhelm I. stand einst darauf, und beide zusammen ab 1897 auf dem Marktplatz von Burgsteinfurt. Kaiser Wilhelm wurde im Zweiten Weltkrieg eingeschmolzen, um Geschosse zu produzieren. Dann stand der Sockel sinnlos herum, bis er 1958 abgeräumt wurde. Nun befindet er sich auf dem Denkmalpflege-Werkhof und wartet auf eine neue Nutzung.

Der Werkhof ist ein ehemaliger großer Bauernhof, der heute als Materiallager dient. Mächtige, gut abgelagerte Balken liegen hier, große Mengen an Dachziegeln und massiven Natursteinen für Pflasterungen und Wegebegrenzungen. Es war ja nicht alles schlecht im Sozialismus – in der DDR gab es in jedem Bezirk einen »Volkseigenen Betrieb Denkmalpflege«, der historische Baumaterialien zur Wiederverwendung sammelte. Als Ende der 80er Jahre für die Restaurierung der 200-jährigen Hollicher Windmühle keine zeitgerechten Materialien zu finden waren, fand die Idee auch im Münsterland Freunde: 1989 wurde unter dem Vorsitz eines veritablen Oberkreisdirektors ein Verein gegründet, der aus Abbruchhäusern wertvolle historische Baumaterialien rettet: Balken, Fliesen, Fenster, Beschläge, die von hier aus wieder neue Verwendung finden. Der machtvolle Bauernhof wurde auf- und umgebaut, dann wurden noch drei weitere geschichtsträchtige Gebäude zerlegt und auf dem Grundstück neu zusammengebaut. Auf dem Denkmalpflege-Werkhof sollen die Kunst und die Handwerkskunst der Vorfahren gerettet und die Materialien gesammelt werden, die man bei Renovierungen und Restaurierungen benötigt. Außerdem ist der Hof auch ein Projekt zur Qualifizierung von Langzeitarbeitslosen.

Adresse Hollich 145, 48565 Steinfurt-Burgsteinfurt, www.denkmalpflege-werkhof-steinfurt.de | **Pkw** A 31, Ausfahrt Gronau / Ochtrup, B 54 Richtung Westen, Ochtruper Straße L 510, links auf die L 559 Richtung Emsdetten, rechts abbiegen | **Öffnungszeiten** Mo – Do 7.45 – 16.45 Uhr, Fr 7.45 – 12.45 Uhr | **Tipp** Das Kornschreiberhaus, ein schmales zweistöckiges Fachwerkhaus mit spitzem Giebel (Anfang 17. Jahrhundert) im Historischen Stadtkern von Burgsteinfurt, ist ebenso sehenswert wie die Häuser rechts und links.

98 Der Hexenpfad
Der gruselige Pfad

Tecklenburg gab dem Tecklenburger Land mit elf Städten und Gemeinden seinen Namen. An einer Passstraße über den Teutoburger Wald gelegen, war der Ort in früheren Zeiten Station der Handelsroute Köln – Lübeck und in umgekehrter Richtung Station auf dem Pilgerweg nach Santiago de Compostela. Aus diesen frühen Zeiten ist so viel historische Bausubstanz übrig geblieben, dass Tecklenburg gern als »westfälisches Rothenburg (ob der Tauber)« bezeichnet wird.

Vielleicht war die Stadt auch weltoffener und klüger als andere, weil sie günstig an einem Handelsweg gelegen war – jedenfalls sorgten hier der aus Brabant stammende Arzt Johann Weyer (oder Wier) und die kräuterkundige Gräfin Anna von Tecklenburg-Schwerin (1532 – 1582) dafür, dass keine Hexenprozesse durchgeführt wurden. An die finsteren Zeiten der Hexenjagd erinnert ein circa vier Kilometer langer »Hexenpfad« mit fünf Stationen, der thematisch die Sagen und Geschichten, die mit »Hexen« verbunden sind, aufnimmt.

Der Pfad beginnt mit dem »Krönchen«, der Burgruine, die noch eine Vorstellung davon aufkommen lässt, wie gewaltig die Anlage einmal gewesen sein muss. Dann geht es weiter zum Wierturm, der 1884 in Erinnerung an Johann Weyer / Wier errichtet wurde, im Geschmack der Zeit als mit Zinnen bewehrter Festungsturm aus düsteren Bruchsteinen, aber immerhin wohl das erste Denkmal für einen Kämpfer gegen den Hexenwahn.

Dann führt der Weg weiter zur waldverwunschenen Hexenküche, wo der Sage nach die Hexen Zaubertränke zubereiteten. Vorbei an einer geschichtsträchtigen Sandsteinhöhle geht es zum Heidentempel, wo in grauer Vorzeit die Heiden Tiere geopfert haben sollen, was man angeblich an behauenen Sandsteinformationen noch erkennen kann.

So mischen sich auf dem Spazierweg durch den Wald historische Fakten und wilde Phantasien – der Weg ist quasi ein Lehrpfad über die Entstehung von Verfolgungsideologien.

Adresse 49545 Tecklenburg (kostenpflichtige Broschüre über die Tecklenburg Touristik GmbH erhältlich) | **Pkw** A 30, Ausfahrt Laggenbeck, Ledder Straße L 594, Kreisverkehr 1. Ausfahrt auf Ledder Straße L 594, weiter Bockethaler Straße K 24, Kreisverkehr 3. Ausfahrt auf Tecklenburger Damm L 504, links auf Ibbenbürener Straße. Der Hexenpfad ist ab der Altstadt Tecklenburg ausgeschildert (feste Schuhe sind empfohlen). | **Tipp** Wenn man schon vor Ort ist, dann unbedingt Zeit nehmen fürs Flanieren in den verwinkelten, romantischen »rothenburgischen« Altstadtgassen.

99__ Ausflugslokal Lauheide

Hier können Pferde Wasser trinken

Irgendwo im Münsterland fand sich im Vorbeifahren der Hinweis auf einen Landgasthof, der gleichzeitig (oder bei Bedarf) auch Beerdigungen anbot. Es scheint in der regionalen Mentalität eine barrierefreie Verbindung zwischen den Genüssen dieses Lebens und der nächsten Welt zu geben.

Zwischen Münster und Telgte liegt der Friedhof Lauheide. Schon vor mehr als 4.000 Jahren wurden hier Tote bestattet, inzwischen ist die Zahl auf über 41.000 angewachsen. Dennoch ist der Friedhof eine lebendige Angelegenheit, mehr als 60 Pflanzenarten sind hier heimisch, 47 Vogelarten brüten auf dem Gräberfeld. Er gehört zu einem ausgedehnten Naherholungsgebiet, das von der Ems durchflossen wird. Die NABU Naturschutzstation Münsterland e. V. führt Friedhof und Umland auf ihrer »NaturGenussRoute«.

Die Gegend mit dem alten Eichenbestand ist ein beliebtes Ausflugsziel, so unterschiedlich die Motive, hierherzukommen, auch immer sein mögen. Dafür braucht es natürlich auch ein Lokal, das Gasthus Lauheide. Chef und Koch Wolfgang Böttcher ist in der Nähe, nämlich auf der Friedhofsgärtnerei, geboren; er kennt die Landschaft, die Trauernden und die Toten. Seiner Meinung nach entspricht die Landschaft der Lauheide jener in der Umgebung von Biarritz in Frankreich – und ist damit bestens geeignet für touristische Projekte wie Spazierengehen und Kuchenessen oder das Wohnmobil abstellen und Rad fahren.

Man kann von hier aus auf Kanutouren die Ems hinunterpaddeln, und wer auf dem Pferd kommt, findet einen Barren, um sein Tier anzuleinen. Im nahe gelegenen Wald wird Survival trainiert – wer das Training nicht übersteht, darf im Waldfriedhof eine neue Ruhestatt beziehen; im Gasthus Lauheide können bis zu 250 Gäste sein Ausscheiden beklagen. Schon diese Nähe zwischen Outdoor-Aktivitäten, Friedhof und Gastmahl beschreibt eindrücklich das regionaltypische Verhältnis zu Leben und Tod.

Adresse Lauheide 3, 48291 Telgte, Tel. 02504/9334211, friedhoefe@stadt-muenster.de; www.gasthus-lauheide.de | **Pkw** Vom Lambertikirchplatz in Münster auf Drubbel Richtung Norden, Domgasse, rechts in Alter Fischmarkt, rechts auf Bült L 843, weiter auf Warendorfer Straße B 51, links in Lauheider Straße, weiter auf Friedhofsallee | **ÖPNV** Münster Stadtbus-Linie 2, Haltestelle Lauheide, direkt am Haupteingang, von Telgte keine Busverbindung | **Öffnungszeiten** Mo, Di, Do, Fr, Sa 10–18 Uhr, So 9–18 Uhr | **Tipp** Das Telgter Kornbrennerei-Museum in der Steinstr. 9a ist verbraucherfreundlich in der Altstadt gelegen. Bis 1979 wurde hier noch Schnaps gebrannt, heute ist es Museum und Ausstellungshalle.

100___ Emsauen

Der Auerochs im Paradies – ein Schicksal

In Telgte geht's los: Am Emstor wurde von umsichtigen Menschen eine Wassertreppe angelegt, die es den Fischen erlauben soll, stromaufwärts zu schwimmen. Das Projekt klingt wie ein Fitness-Center für Schuppentiere: Eine 145 Meter lange Rinne führt 2,5 Meter aufwärts. Über mehrere Stufen, die jeweils 15 Zentimeter übereinanderliegen, arbeiten sich Stichling / Döbel / Gründling / Neunauge hoch. Nach 65 Metern haben sie das Schlimmste überstanden und schwänzeln durch eine Art Entmüdungsbecken, um dann mit Schwung die letzten Höhenmeter zu erklimmen. Weiter emsaufwärts (nach Norden) kommen sie in die Emsaue. Der Naturschutzbund NABU hat hier ein 90 Hektar großes Weidegebiet teils gekauft, teils mit Unterstützung gepachtet und eingezäunt.

Wenn man die nährstoffreiche Bodenschicht der früheren landwirtschaftlichen Nutzung entfernt, kommt der Sandmagerrasen zurück, blütenreich, wie er früher war. In der Emsaue weiden Heckrinder, Nachzüchtungen der Auerochsen, und Konikpferde. Die beiden treten häufiger als Team auf, wenn es darum geht, Landschaften wieder in einen »ursprünglichen« Zustand zurückzuversetzen. Somit ist in der Emsaue ein wahrhaftes Paradies für Tiere entstanden – und für die Menschen, die sie aus der Ferne beobachten.

Die Tiere sind glücklich – und produzieren bestes Fleisch. Weil die Herdengröße der Tragfähigkeit der Weiden angepasst werden muss, werden gelegentlich Rinder aussortiert und wandern entlang der »NaturGenussRoute« unter Segen und aktiver Beteiligung des NABU in die Küchen umliegender Gastronomen.

Fleischverzehr zum Schutz des europäischen Naturerbes – der praktische Münsterländer weiß, für was er seine Natur schützt. Vegetarier können statt Steaks »Emsaktien« kaufen und so das Projekt unterstützen. Stichling / Döbel / Gründling / Neunauge werfen im Vorbeischwimmen einen Blick auf die Rinder und sehen zu, dass sie wegkommen.

Adresse 48291 Telgte | **Pkw** Münster auf der B 51 verlassen, Richtung Telgte, nicht in den Ort einfahren, der B 51 folgen, dann links Westbeverner Straße L 811, vorbei an »Funkes Partytenne« bis Ortseingang Westbevern, die 1. Straße links vor der Kirche »Im Lütken Esch«, 30er Zone! | **Tipp** Im Landgasthof Pleister Mühle sitzen Münster und Umgebung im Freien, trinken Bier, fahren Kanu und essen was.

101__ Museum Relígio
Schmacht und Chlaube

Telgte (»Tächte«) hat ein sehr eigenwilliges Gebäude-Ensemble zu bieten. Da ist zunächst einmal die barocke Wallfahrtskapelle, ein achteckiger Zentralbau, der von einer Kuppel überwölbt ist. Der religiöse Kern der Kapelle ist das Gnadenbild der schmerzhaften Muttergottes von circa 1370. Die Kuppel wird von Grünspan überzogen. Als 1994 Josef Paul Kleinhues auf der gegenüberliegenden Seite einen modernen Museumsbau (Haus 1) hochzog, suchte er die Verbindung zur Kapelle, indem er sein Dach ebenfalls mit grünspanüberzogenem Kupfer eindeckte. Ansonsten fetzt der Kleinhues-Bau schon sehr modernistisch aus der altbackenen Umgebung einer wohlgeordneten Kleinstadt heraus.

Zurück auf der anderen Seite, in einer Fluchtlinie mit der Kapelle, liegt der zweite Teil des Museums »Religio« (Haus 2), eine Collage aus einer ehemaligen Pfarrscheune von 1607, einem Anbau von 1937, noch einer Erweiterung von 1983 und schließlich einem Neubau von 2012. Nicht nur der Bau, auch das Blickfeld wurde erweitert, denn früher war das »Krippenmuseum« mehr ein Heimathaus, heute beschäftigt sich »Relígio« konfessionsübergreifend mit der »Glaubenslandschaft Westfalen«. Die Krippensammlung ist natürlich immer noch erhalten.

Das zentrale Exponat des Museums ist das »Hungertuch« von 1623. Mehrere Damen von Adel haben kurz nach Beginn des Dreißigjährigen Krieges die 33 Bildfelder auf 7,40 mal 4,40 Metern in »Filetstopfarbeit« hergestellt. Sie zeigen die Leiden Jesu Christi, die Symbole der Evangelisten und Szenen aus dem Alten Testament. Mit einem solchen Hungertuch (im geerdeten Münsterländer Jargon »Schmachtlappen« genannt, wie zum Beispiel im Notruf: ›Ich hab Schmacht bis unter-re Rippn‹) wurde in der Fastenzeit der Altar verhängt. Ein anderes Thema von »Relígio« ist Telgte als Wallfahrtsort, zu dem jährlich 100.000 Gläubige pilgern, seit 1988 auch in einer »Kutschenwallfahrt«.

Adresse Westfälisches Museum für religiöse Kultur, Herrenstraße 1–2, 48291 Telgte, Tel. 02504/93120, www.museum-telgte.de | **Pkw** A 1, Ausfahrt Münster-Nord, B 54 Richtung Münster, Münzstraße L 843, dann Bült, dann Warendorfer Straße, B 51 bis Telgte, ausgewiesene Parkplätze in der Innenstadt, kurzer Fußweg | **Öffnungszeiten** Di–So 11–18 Uhr | **Tipp** Die »Kulturspur« ist ein geführter Gang durch die Stadt, auf dem überall kleinere und größere Skulpturen oder Skulpturengruppen zu besichtigen sind. Beim Tourismus-Büro ist eine Broschüre mit dem Plan und den ergänzenden Informationen erhältlich.

102 Der Schulbauernhof Emshof

Schwein grüßt Schaf

Fast am Ende der Welt liegt der von dem Verein Emshof getragene Schulbauernhof. Er profitierte davon, dass die Bestattungsbedarfsplanung der Stadt Münster revidiert wurde, weil die Grundstücke, die zur Erweiterung eines Friedhofs vorgesehen waren, nicht gebraucht wurden. Die Initiatoren betreiben eine Demonstrationslandwirtschaft, das heißt, die Kinder – hauptsächlich 3. bis 7. Schuljahr – sollen lernen, was Landwirtschaft bedeutet, und erfahren, wie Lebensmittel hergestellt werden.

Anfangs gab es von den umliegenden Bauernhöfen viel Häme, weil die Alteingesessenen befürchteten, sie bekämen nun besserwisserische Akademiker als Nachbarn; nach einigen Jahren ist aus dem distanzierten Verhältnis eine kooperative Nachbarschaft geworden. Die Vereinsmitglieder sind in allen Bereichen tätig, die zur Landwirtschaft gehören – von der Fütterung der Tiere bis hin zum Ausmisten des Stalls, vom Aussäen über das Ernten bis hin zum Brotbacken in einem Lehmofen. Die Kinder sind einen oder mehrere Tage auf dem Hof, es gibt auch mehrwöchige Feriengruppen, die im Zelt übernachten.

Die »Lernstation Küche« sorgt dann dafür, dass den Kindern deutlich wird, was gute Ernährung ist. Natürlich gibt es auch Tiere auf dem Hof, zum Beispiel das Bentheimer Schaf. Dieses wurde vom Verein zum einen ausgewählt, weil Schafe »überschaubarer als Kühe« sind, zum anderen sollen auch gefährdete Rassen auf dem Emshof eine Heimat finden. Besonders drollig sind die Wollschweine des Hofes, die sich stark an Menschen gewöhnt haben und offenbar der Meinung sind, diese seien zu ihrer Unterhaltung da.

Alle Produkte, die auf dem Hof erwirtschaftet werden, sind zertifiziert nach den Standards des Bioland-Verbandes. Die Heuübernachtungen stehen auch Besuchern oder Radreisenden zur Verfügung. Solche Gäste sind willkommen, werden aber nicht unbedingt betreut, weil die Kinder an erster Stelle stehen.

Adresse Schulbauernhof Emshof, Verth 14, 48291 Telgte, Tel. 02504/729688, www.emshof.de | **Pkw** Vom Lambertikirchplatz, in Münster auf Drubbel Richtung Norden, Domgasse, rechts in Alter Fischmarkt, rechts auf Bült L843, weiter auf Warendorfer Straße B51, links in Lauheider Straße, weiter auf Friedhofsallee, rechts auf August-Winkhaus-Straße, links am Wald entlang zum Hof | **ÖPNV** Münster Hauptbahnhof mit Bus 2 bis Waldfriedhof Lauheide, von dort 20 Minuten Fußweg | **Tipp** Haus Langen liegt etwas mehr als einen Kilometer südwestlich von Westbevern-Dorf unmittelbar an der Bever. Das Haus mit seiner Doppelmühle ist ein wunderschön gelegenes Ausflugsziel für Radfahrer.

103 __ Hamaland-Museum

Menschen und Mäuse

In der Wissenschaft ist die Zugehörigkeit des Westmünsterlands, also der Landschaft um Vreden, zum »Hamaland« umstritten. Denn das liegt eigentlich eher auf holländischem Boden. Umstritten ist aber nicht abgestritten, und somit prunkt die Stadt mit dem Hamaland-Museum.

Dieses schildert die Siedlungsgeschichte des Westmünsterlandes, wozu immer auch die Nachbarregion in den Niederlanden zählte. Der älteste Teil des Hauses stammt aus dem 15. Jahrhundert und gehörte einst zu einem Gasthaus. In den 1970er Jahren wurde der lichte Anbau mit den großen Fenstern zum Fluss Berkel hin angefügt. Das Westmünsterland lebte von der Natur: Korbmacher von den Weiden, Töpfer von Ton und Lehm und die Bauern von Moor und Heide, der Schafzucht und Torfstecherei. Es wird der Hausrat der Bürger und Bauern ausgestellt, mit niederländischen Kaminfliesen und schweren Eichenmöbeln, die bis in die jüngst vergangenen Jahrzehnte den Geschmack des Münsterländers geprägt haben.

Das herausragende Ausstellungsstück im Untergeschoss des Hamaland-Museum ist die Sixtus-Kasel, ein sakrales Gewand aus dem 7. Jahrhundert. Die Kasel zählt zu den ältesten erhaltenen Textilien Deutschlands und gilt unter Gläubigen als Reliquie. Auch die Perlenkasel der Äbtissin Maria Schenkin zu Erbach (1466-1511) ein außerordentliches, bewundernswertes Einzelstück.

Zum Museum gehört auch eine ausgedehnte Hofanlage mit zehn Gebäuden im Stadtpark. Hierfür wurden aus dem Kreis Borken historische landwirtschaftliche Gebäude »zusammengetragen« und wieder aufgebaut. Da sind das Wohnhaus von 1712 und seine Umbauten, dann das Bienenhaus, ein Flachsofen, in dem das Flachs geröstet wurde, und der »Muuseschoppe«, was man wohl mit »Mäuseschuppen« übersetzen darf: eine Pfeilerscheune mit ausgefuchster Technik, um besagte Mäuse vom gelagerten Getreide fernzuhalten. – Eine ganze Lebens- und Arbeitswelt tut sich dem Besucher auf.

Adresse Butenwall 4, 48691 Vreden, Tel. 02564/3918-0, www.hamaland-museum.de |
Pkw A 31, Ausfahrt Heek, Ahauser Landstraße B 70 Richtung Westen, durch Ahaus hindurch, rechts auf Hoher Weg, links auf Vredener Dyk L 580, Ottensteiner Straße L 580,
über Kreisverkehr in Wüllener Straße, links auf Butenwall, Dauerparkplätze an der Post
und an der Hamaland-Sporthalle | **Öffnungszeiten** Di – So 10 – 17 Uhr; Hofanlage
April – Okt. geöffnet | **Tipp** In Ammeloe sind der Lebensmittelladen, die Gastwirtschaft
und die Bäckerei Noldes in ihrem Originalzustand zu besichtigen. Zur Steigerung der
Heimatverbundenheit sind die Erklärungen in Hoch- und Plattdeutsch.

104— Miniaturschuhmuseum

Große Füße, kleine Füße

Die Innenstadt von Vreden ist eng. Hier geht man besser zu Fuß. Und trifft die größten Füße der Welt: Die Schuhmacherei Wessels hat sich auf Übergrößen spezialisiert. Den Familienbetrieb gibt es seit mehr als 250 Jahren; die gegenwärtige Generation kam darauf, sich auf Spezialgrößen zu fokussieren. So wurde Yao Defen, die größte Frau der Welt (Schuhgröße 57) Kundin, und auch Sultan Kösen (Schuhgröße 60) lässt hier Maß nehmen.

Als Hersteller der weltweit größten Konfektionsschuhe kamen die Wessels ins Guinnessbuch der Rekorde. Exotisch, aber nicht außerhalb der Kernkompetenz des Geschäfts, ist das Paar Schuhe, das sie für ein Kamel gefertigt haben. Das Tier hatte sich an einer Feuerstelle einen Huf verbrannt und hätte eingeschläfert werden müssen, hätte nicht Wessels ein rundes, maßgeschneidertes Paar Sandalen mit hübschen Riemchen gefertigt, die das Tier beweglich und glücklich machten.

Im Untergeschoss das Gegenprogramm: viele gläserne Vitrinen, die kleine Schuhe enthalten. Die Schaukästen bieten so etwas wie die Geschichte der Fußbekleidung im Maßstab 1:3. Nicht nur die unterschiedlichen Zehenschoner, von der einfachen Sandale über den kuhmaulförmigen Treter des Mittelalters bis zum modernen Stiefel, werden ausgestellt, sondern auch die Geschichte ihrer Herstellung. Die Wessels haben die Sammlung vor langer Zeit bei sich aufgenommen. Über 50 Jahre lang hatte ein Industrieschuhmachermeister aus Butzbach naturgetreue Miniaturen erstellt. Nicht in der Art von Buddelschiffen, die nur in der Flasche schwimmen, sondern ganz exakte Verkleidungen mit eigens geschnitzten Leisten. Die oft fein verzierten Schuhe wären tragbar, wenn man einen Fuß im Maßstab 1:3 hätte. Wer so was macht, kommt zu Recht zweimal ins Guinnessbuch der Rekorde, schon allein wegen der Ausdauer und der Liebe zum Detail. Und weil es die weltweit größte Sammlung von Miniaturschuhen geworden ist.

Burgundische Mode

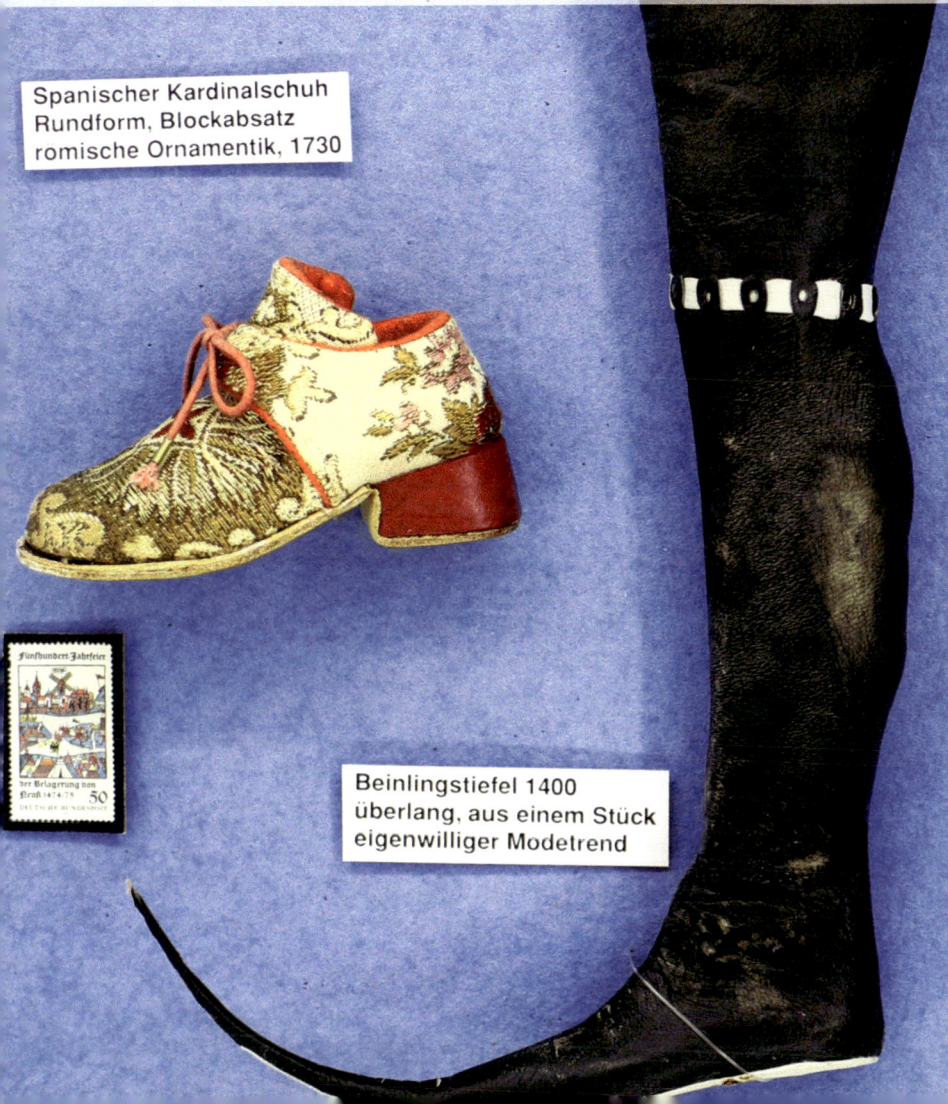

Adresse Miniaturschuhmuseum und Schuhmacherladen Wessels, Neustraße 16, 48691 Vreden, Tel. 02564/4964, www.wessels-schuhe.de | **Pkw** Von Ahaus rechts auf Hoher Weg, links auf Vredener Dyk L 580, Ottensteiner Straße L 580, Kreisverkehr rechts auf Twickeler Straße, Windmühlenstraße, Königstraße, links in Neustraße | **Öffnungszeiten** Mo–Fr 10–12.30 und 14–18 Uhr, Sa 10–14 Uhr; Feb. und Aug. geschlossen | **Tipp** In Vreden gibt es im ersten deutschen Scherenschnittmuseum noch mehr kleine Sachen.

Spanischer Kardinalschuh
Rundform, Blockabsatz
romische Ornamentik, 1730

Beinlingstiefel 1400
überlang, aus einem Stück
eigenwilliger Modetrend

105 Die Strahlenkranzmadonna
Madonna unter Rankenwerk

Bildstöcke, Hof- und Wegekreuze – das Münsterland ist mit religiösen Symbolen vielleicht noch reicher ausgestattet als das notorisch christliche Bayern. In vielen Kirchen des Münsterlands werden sogenannte Strahlenkranzmadonnen verehrt. Eine der schönsten hängt in der Kirche St. Cosmas und Damian in Liesborn, einem Ortsteil von Wadersloh.

Cosmas und Damian waren die orientalischen Heiligen (quasi mit Migrationshintergrund), die in den römischen Kanon aufgenommen wurden. Man hat sie zu Schutzpatronen sowohl der Ärzte als auch der Kranken erhoben. Ihre Kirche in Liesborn ist eine hohe, lichte, einschiffige Halle, die eine faszinierende Harmonie ausstrahlt. Die Felder zwischen den Rippenbögen des Deckengewölbes sind mit Ranken ausgemalt, die die Kirchendecke als »himmlisches Paradies« darstellen.

Im Westteil hängt unterhalb des »Paradieses« die Strahlenkranzmadonna des Münsteraner Künstlers Evert van Roden, die um 1525 geschaffen wurde. Das künstlerische Motiv geht zurück auf eine Vision des heiligen Johannes, dem eine Frau erschienen war, mit der Sonne bekleidet, auf dem Mond stehend und umgeben von zwölf Sternen. Die Strahlenkranzmadonna ist doppelseitig ausgeführt. Die Darstellungen der Muttergottes auf Vorder- und Rückseite sind bei diesem Figurentypus oft identisch, aber in Liesborn sind es zwei unterschiedliche Madonnen. Die eine ist die Herrliche (vom Osten zu sehen), die andere die Irdische (Blick vom Westen). Die Herrliche Madonna ist farblich ausgestaltet mit einem goldleuchtenden Strahlenkranz, einer Krone und reichem Perlenschmuck. Ihre irdische Schwester ist holzfarben und erscheint nicht einfach nur bescheiden, sondern wirkt bedrückt. Die Erlösung scheint noch weit entfernt. In ihrer Doppelgesichtigkeit versinnbildlicht die Statue sowohl den irdischen Tod als auch die himmlische Herrlichkeit der »Mater ecclesia«, der Mutter Kirche.

Adresse Kirche St. Cosmas und Damian, Abteiring, 59329 Wadersloh-Liesborn | **Pkw** A 2, Abfahrt Oelde, südlich auf L 793 durch Diestedde, links auf L 586, rechts auf L 582 nach Liesborn, Beckumer Straße, links in die Königstraße bis Abteiring | **Tipp** Das Museum Abtei Liesborn, direkt nebenan, ist eine Einrichtung des Kreises Warendorf mit einer großen Sammlung sakraler Kunst, bietet aber auch wechselnde Ausstellungen mit moderner Kunst.

106_ Das Landgestüt

Der lendenstarke Paradox

Der weite Innenhof des nordrhein-westfälischen Landgestüts in Warendorf ist so etwas wie der Walk of Fame des münsterländischen Pferdesports. Hier steht eine Bronzestatue, die an einen besonderen Hengst erinnert – Paradox I. Paradox I. ist ein pferdegewordener Männertraum. Paradox I. zeigt, dass das Leben für einige von uns so sein kann, wie es für alle sein sollte.

Das Landgestüt wurde im Jahre 1826 durch die Provinzialverwaltung gegründet (nachtragende Patrioten sagen, mit den Pferden kamen die »bösen P« ins Münsterland: Preußen und Protestanten). Nach 1945 kam das Gestüt zum Land Nordrhein-Westfalen und geht immer noch seiner Aufgabe nach, nämlich, Züchtern genetisch interessante Hengste gegen ein angemessenes Deckgeld zur Verfügung zu stellen.

An diesem Punkt kommt Paradox I. ins Spiel: Von Beruf war er Beschäler. Das heißt, der Westfalen-Hengst hatte nichts anderes zu tun, als Stuten zu schwängern. Spermien spenden war sein Job. Und nur das! Während seine Artgenossen im Galopp durch Wälder oder über Hindernisse jagen mussten, stand Paradox I. windgeschützt im Stall, bekam ausgesuchtes Futter gereicht und wurde mit medizinischer Vollversorgung verwöhnt. Dann ging es an das, was sie Arbeit nennen: Paradox I., geboren 1964, durfte noch den Natursprung genießen, denn er war zu einer Zeit aufgewachsen, als es die künstliche Besamung noch nicht gab. Der Glückspilz.

Seine westfälische Standhaftigkeit machte ihn groß: 550 seiner Nachkommen sind im Turniersport registriert, 106 haben es bis in die schwersten Klassen geschafft – kein Wunder, Big Spender muss seine Arbeit wirklich geliebt haben. Die Gewinne seiner Kinder begründeten seinen Nachruhm, denn er war der erste Landbeschäler, dessen im Sport (Springen) aktive Nachkommen gemeinsam mehr als eine Million Mark gewonnen hatten. Wer hätte gedacht, dass nur das eine so viel Geld einbringen kann.

Adresse Nordrhein-Westfälisches Landgestüt, Sassenberger Straße 11, 48231 Warendorf | **Pkw** A 2, Autobahnausfahrt Beckum, auf B 475 Richtung Norden nach Warendorf, in Warendorf links auf Sassenberger Straße L 830 bis rechts Sternbergstraße | **Öffnungszeiten** Die Außenanlagen sind jederzeit zugänglich, für Besichtigungen telefonisch anfragen unter Tel. 02581/63690. | **Tipp** Die Sportschule der Bundeswehr ist seit 1978 in Warendorf beheimatet. Sie ist eine der größten zusammenhängenden Sportanlagen in Deutschland und außerdem Olympiastützpunkt Westfalen – nicht nur für Reiter.

107___Lokal »Engelchen«

Que sera, sera

Kappelhoff klingt nach kleinen Törtchen, aber nicht nach Glamour. Deshalb zog es Doris Kappelhoff vor, als Doris Day aufzutreten und große Karriere zu machen. Aber ihre Wurzeln, die sie nicht verleugnen kann, liegen in Warendorf, im »Engelchen«.

Die Geschichte geht so: Franz Josef Wilhelm Kappelhoff wanderte 1875 nach Amerika aus. In Cincinnati traf er auf viele Deutsche, offensichtlich lebte er sich gut ein, heiratete deutsch und bekam viele Kinder. Eines von ihnen war William, der sich als Kirchenorganist und Musiklehrer einen Namen machte, dann ebenfalls deutsch heiratete und unter anderem die Tochter Doris bekam. Doris Kappelhoff wuchs heran, musikalisch vorbelastet, trat beim Rundfunk und in Nachtclubs auf und sang. In einem dieser Nachtclubs wurde ihr nach dem Lied »Day after Day« der Name Doris Day verpasst, und gleich ging es besser.

Doris Day wurde ein Star im Showbiz, sie hatte große Hits wie zum Beispiel »Que sera, sera« aus »Der Mann, der zu viel wusste«, gewann eine ganze Reihe von Grammys und brachte es bis zur Oscar-Nominierung. 1960 wurden ihr auf dem Hollywood Walk of Fame zwei Sterne gewidmet, einer für die Kategorie »Film« und einer für »Musik«. In Warendorf wurde 2008 ein »Star of Fame« vor dem Café »Engelchen« enthüllt, zusammen mit einer Gedenktafel, denn dieses Haus, das Geburtshaus des Großvaters, ist der Ausgangspunkt der großen Künstlerin – wenn man Geschichte in etwas größeren Dimensionen betrachtet.

Ende der 1960er stieg sie aus dem Filmgeschäft aus und eröffnete in Carmel ein kleines Hotel – offenbar haben die Gastronomie-Gene ihrer Warendorfer Vorfahren am Ende doch gesiegt. Sie soll auch wieder mit dem Namen »Kappelhoff« unterschreiben und – vielleicht backt sie kleine Törtchen. Die besondere Spezialität des »Engelchens« ist das sogenannte Warendorfer Pferdeleckerli, ein Nougat-Pralinentrüffel.

Adresse Heumarkt 2, 48231 Warendorf, Tel. 02581/7898888 | **Pkw** A 2, Autobahn-ausfahrt Beckum, auf B 475 Richtung Norden nach Warendorf, links auf Beelener Straße, rechts auf Oststraße bis Heumarkt | **Öffnungszeiten** Mo ab 11.30 Uhr, Di 9 – 18 Uhr, Mi – So 9 – 22 Uhr | **Tipp** Im Ortsteil Hoetmar (sprich: »Hohtmaar«) werden jedes Jahr die traditionellen »Nilspiele« ausgetragen. Der Wieninger Bach schwillt dann zum Nil an und bildet die Grenze zwischen Nord- und Süd-Hoetmar. Am Pfingstwochenende kommt es dann zu sportlichen Vergleichskämpfen beider Dorfhälften.

108__ Warendorfer Bürgerhaus
Frauen lassen sich ideal belehren

Franz Josef Katzenberger war ein Mann mit Ambitionen: Schon als 24-jähriger preußischer Militärarzt sackte er große Titel ein, weil er eine preußische Prinzessin per Kaiserschnitt entbunden hatte – was in dieser Zeit für einen Militärarzt eine erstaunliche Leistung war. Katzenberger stieg auf und war am Ende gar Hofrat Professor Doktor. 1823 schrieb er lokale Kunstgeschichte, als er sein Haus mit Bildtapeten schmücken ließ, die heute restauriert zu bestaunen sind: Über einem Sockel aus weiß-goldenen Säulchen und Lyren zeigen sie eine mediterrane Ideallandschaft, mit Säulenhallen, weit ausladenden Treppen und langen Palmenalleen. An einem kühlenden Springbrunnen belehren weise Männer dankbar lauschende Frauen. Das Thema geht zurück auf »Die Abenteuer des Telemach« des Theologen François de Salignac de la Mothe Fénelon (1651–1715), der in seinem Roman die hohe Kunst des Regierens darstellte. Da ist es nicht verwunderlich, dass ein kleines Mädchen an der Hand seiner Mutter Engelsflügel trägt – eine gute Regierung schafft das.

Im Gartensaal wird der Roman »Die Inkas oder die Zerstörung von Peru« aus der Feder von Jean-François Marmontel (1723–1799) illustriert, der den Zusammenprall der europäischen mit der indianischen Kultur schildert. Unter einem rauchenden Vulkan tritt ein federgeschmückter Wilder auf, an seiner Seite ein bärtiger Mönch, der dafür sorgt, dass der Wilde dem vor ihm knienden Europäer wohlwollend zuhört. Der Unglückliche, hätte er lieber weggehört. Die Dekorationen hatte der weltgewandte Warendorfer bei der Pariser Manufaktur Dufour & Leroy bezogen. Solche Panoramatapeten waren bis in die Mitte des 19. Jahrhunderts in wohlhabenden Bürgerhäusern beliebt. Romane, aber auch Reisebeschreibungen und Architekturzeichnungen bildeten die Motive, von denen man sich inspirieren ließ, wenn man über seine enge Heimat nicht hinauskam. Aus lauter Not ließ man sich Teppiche mit geduldig lauschenden Frauen und Wilden weben.

Adresse Bürgerhaus des Klassizismus, Klosterstraße 7, 48231 Warendorf, Tel. 02581/19433 | **Pkw** A 2, Autobahnausfahrt Beckum, auf B 475 Richtung Norden nach Warendorf, in Warendorf links auf Beelener Straße, rechts auf Splieterstraße, links auf Oststraße, rechts auf Molkenstraße, links auf Klosterstraße | **Öffnungszeiten** So, feiertags 15–17 Uhr (außer 01.01., 15.08., 25.12., 26.12.) | **Tipp** Der Krickmarkt ist der ehemalige Pferdemarkt der Stadt. »Krick« (wie »Krücke«) ist ein wenig charmanter Ausdruck für ein älteres Pferd. Dort stehen schöne alte Häuser, zum Beispiel die Nummern 9 und 10.

109__ St. Bonifatius

»Bauerndom« sollte man nicht sagen

Leuchtend, aus hellem Bruchstein erhebt sich auf einem großen, weiten Platz im Ortskern von Freckenhorst die Stiftskirche St. Bonifatius über die umliegenden Häuser. Bei Weitem zu groß und zu gewaltig für den kleinen Ort erscheint dieser Sakralbau, man müsste schon im ganzen Münsterland trommeln, um alle Plätze zu besetzen. Die Kirche trägt den Spitznamen »Bauerndom von Freckenhorst«. Weil an den romanischen Rundtürmen der sonst übliche Flächenschmuck fehlte, beurteilten (Kunst-)Historiker diese Kirche a) als westfälisch und b) als bäuerisch, will wohl sagen: nicht spektakulär. Im Münsterland findet man das nicht lustig. Schließlich hat der »Dom« fünf Türme, rund und eckig, was in Westfalen einzigartig ist.

Seine Größe verdankt das Gotteshaus dem Umstand, dass es zu einem hochadligen und vermögenden Damenstift gehörte, sodass genügend Geld zur Verfügung stand, um den Bau in seiner 1.000-jährigen Geschichte immer wieder zu erweitern. Wichtig war für solche Projekte stets auch, dass die Kirche mit einer Attraktion aufwarten konnte, die (zahlende) Gläubige anzog – in Freckenhorst war es das Grab der Thiatildis, der ersten Äbtissin des Klosters. Sie wurde im 17. Jahrhundert heiliggesprochen, dem Wasser des Thiatildis-Brunnens wird heilende Kraft bei Augenleiden zugeschrieben.

Der »Dom« verfügt über zwei sehr unterschiedliche Räume, die sehr differenzierte spirituelle Erlebnisse ermöglichen. Da ist die hallengroße, lichtdurchflutete Kirche mit ihren Seitenschiffen, in leuchtendem Weiß gehalten und mit fast triumphal aufwärtsstrebenden Bögen geschmückt, ein Ballsaal für ein Gemeinschaftserlebnis der Gläubigen.

Und dann ist da die Krypta, ebenfalls dreischiffig, die niedrige Decke von gedrungenen Säulen gehalten, der Raum schwach beleuchtet, nussschalenartig und wie geschaffen dafür, nachzudenken und feinen Empfindungen nachzuspüren.

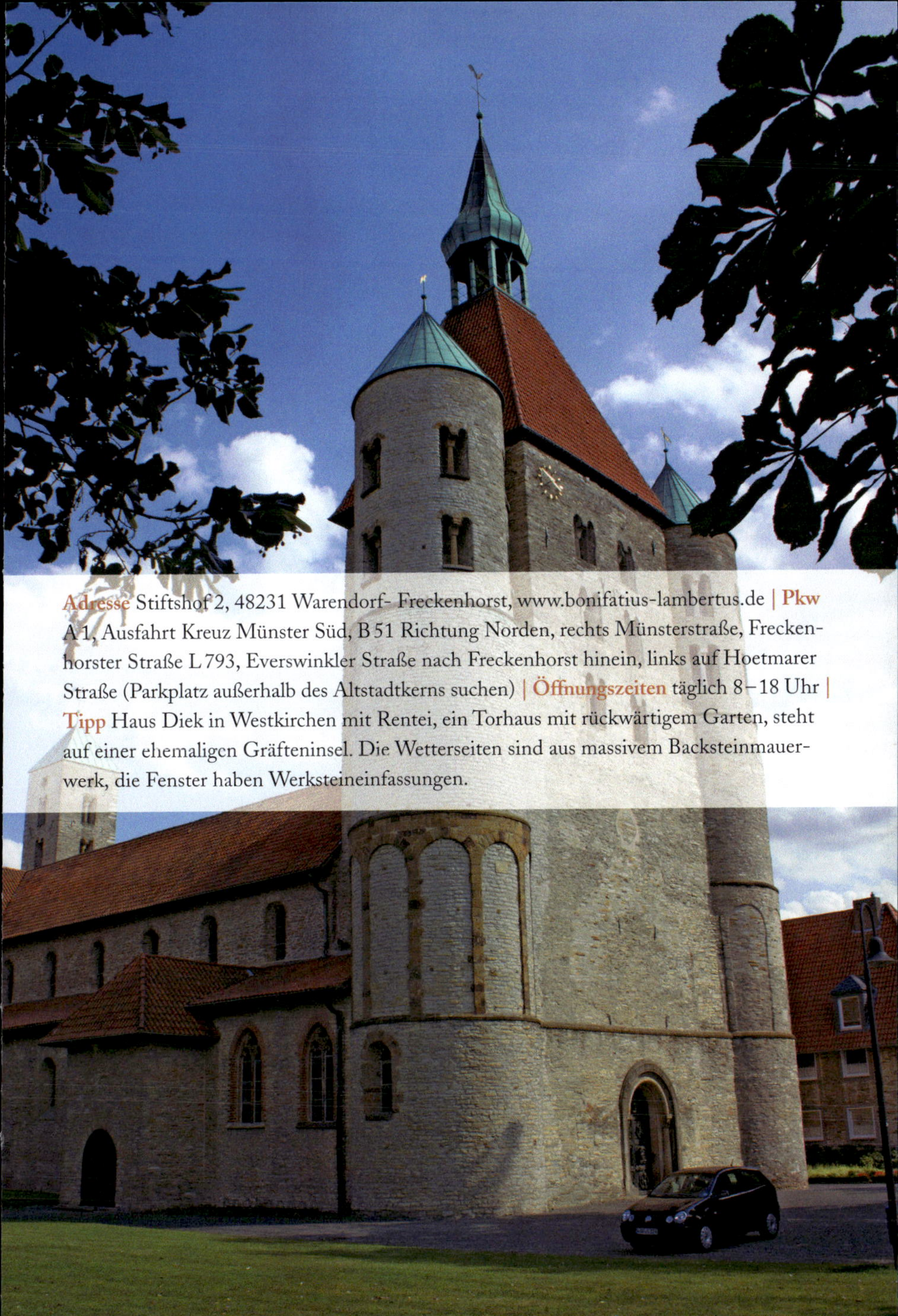

Adresse Stiftshof 2, 48231 Warendorf- Freckenhorst, www.bonifatius-lambertus.de | **Pkw** A 1, Ausfahrt Kreuz Münster Süd, B 51 Richtung Norden, rechts Münsterstraße, Freckenhorster Straße L 793, Everswinkler Straße nach Freckenhorst hinein, links auf Hoetmarer Straße (Parkplatz außerhalb des Altstadtkerns suchen) | **Öffnungszeiten** täglich 8 – 18 Uhr | **Tipp** Haus Diek in Westkirchen mit Rentei, ein Torhaus mit rückwärtigem Garten, steht auf einer ehemaligen Gräfteninsel. Die Wetterseiten sind aus massivem Backsteinmauerwerk, die Fenster haben Werksteineinfassungen.

110— Das Kapuzinerkloster

Kloster am Lippstrom

»Werne, ein Stättlein / zum Stifft Münster / sampt seinem Ampt / gehörig / bey dem Lippstrom«, schrieb Matthäus Merian der Äl-tere um 1647. Wenige Jahre später gründeten drei Kapuzinerbrü-der ein Kloster. Werne war vom Dreißigjährigen Krieg gezeichnet. »Die Jugend war durch das Soldatenleben verdorben, das gereifte Alter ergab sich einem ungezügelten Leben, die alten Leute waren durch die ausgestandenen Strapazen abgestumpft«, schrieb damals der Leiter des Klosters. Die Kapuziner widmeten sich dem geisti-gen Wiederaufbau. 1680 war die Kirche nach den Plänen ihres Bruders Ambrosius von Oelde vollendet. Ambrosius war einer der bedeutendsten barocken Baumeister des Münsterlandes, ihm wer-den nahezu 50 Kirchen und Klosteranlagen, aber auch weltliche Bauten wie das dreiflügelige Schloss Ahaus zugeordnet. Die Bil-der für den Hochaltar und die beiden Seitenaltäre wurden von dem Kapuziner Damian von Ratingen gemalt, der zu Zeiten auch Hof-maler des Kurfürsten von Köln war. Im 17. und 18. Jahrhundert waren die Brüder vorwiegend in der Krankenpflege tätig. So ent-stand hinter der Kirche das »Pesthaus«, in dem die Brüder wohn-ten, die mit Pestkranken in Kontakt gekommen waren. 1803 wur-de im Rahmen des Reichsdeputationshauptschlusses das Kloster aufgelöst, in den Gebäuden städtische Schulen eingerichtet. So-wohl während der Säkularisation als auch während des Kultur-kampfes in den 1870er Jahren lebten (rechtswidrig, aber gut ka-schiert) Brüder im Kloster, so dass Werne das einzige durchgängig bewohnte Kapuzinerkloster ist.

Seit mehr als 300 Jahren geht von hier eine Fußwallfahrt zum Gnadenbild der Mutter Gottes in Werl. Außerdem bietet das Klos-ter im historischen »Pesthaus« Pilgern auf dem Jakobsweg eine Un-terkunft. An jedem 1. Samstag im Monat und auf Anfragen werden Führungen durch die historischen Gebäuden inklusive der schönen Bibliothek angeboten.

Adresse Südmauer 5, 59368 Werne, Tel. 02389/989660, werne@kapuziner.org |**Pkw** A 2, Ausfahrt Kamen/Bergkamen, Lünener Straße, Jahnstraße und Westenhellweg, links in die Südmauer |**Tipp** Das Karl-Pollender-Stadtmuseum, u.a. mit Wärmehäuschen für Bauern, die zum Gottesdienst anreisten, und Steckbriefen von Münsterländern, die sich dem Kriegsdienst für Napoleon entzogen.

111 Haddorfer Seen

Jeder nach seiner Fasson

Wenn es mit Malle mal nichts ist oder der Münsterländer »in Familie« es mal kleiner haben will, bieten sich die Haddorfer Seen an. In einem ausgedehnten Heidegebiet liegen fünf Seen, Restlöcher eines früheren Kiesabbaus, in einer Kette. Das Schöne an den vielen Seen ist, dass man sie getrennt nutzen kann. Es gibt einen Badesee, einen Anglersee, und auch die Bootsfahrer haben ihren »eigenen« See. So können sich die konkurrierenden Nutzer aus dem Weg gehen, was vielleicht gut ist, weil beim Bootsverleih auch Amateure Tret-, Segel- oder Elektroboote mieten und den Piraten geben können.

Für die Badenden gibt es einen mallorca-ähnlichen Strandbereich mit einer ausgedehnten Dünenlandschaft. Noch immer sind die kleinen Hügel baumbestanden, schilfbewachsen und mit wilden Sandkanten gesäumt und tun so, als seien sie ganz natürlich entstanden. Für den bequemen Zugang wurde eigens eine Allee vom Parkplatz zum Badestrand gebaut. Durch Stege und Achsen ist die Wellnesslandschaft gegliedert und familienfreundlich übersichtlich gestaltet, sodass verloren gegangene Kinder nicht lange unentdeckt bleiben. Wahrscheinlich sind sie ohnehin auf dem Matschplatz. Ein Kiosk sorgt für klebrige Weichgetränke und kalte Biere. Ein Ganzjahres-Campingplatz unter locker stehenden Kiefern, dazu eine Wochenendhaussiedlung machen die Haddorfer Seen kurzurlaubs-tauglich.

Zwischen dem Badesee und dem Haddorfer See liegt eine weite Heidelandschaft mit tiefen Sandwegen und einer hinreißenden Blütenpracht, wenn die Jahreszeit danach ist. Da der Münsterländer nicht von seinem Fahrrad zu trennen ist, gibt es um die Seen ausgedehnte Rad- und Spazierwege.

Sechs Radlerhütten für jeweils vier Personen bieten eine preiswerte Übernachtungsmöglichkeit, falls es nach der langen Fahrt durch den Sand mal zu viel wird für die Muskeln. Wie beim Trainingslager auf Mallorca.

Adresse 48493 Wettringen | **Pkw** A 31, Ausfahrt Gronau / Ochtrup, B 54 Richtung Ochtrup, an Ochtrup vorbei, links auf Langenhorster Damm K 73, weiter auf Bilker Straße K 57, links auf Haddorfer Straße K 57, dann K 60, rechts Richtung Landersumer Feld | **Tipp** Auf dem 95 Meter hohen Rothenberg, circa 3,5 Kilometer nordwestlich von Wettringen, steht die Villa Jordaan oder Landhaus Rothenberge. Sie ist von einem Landschaftspark umgeben, von hier hat man einen weiten Blick über die Münsterländische Parklandschaft.

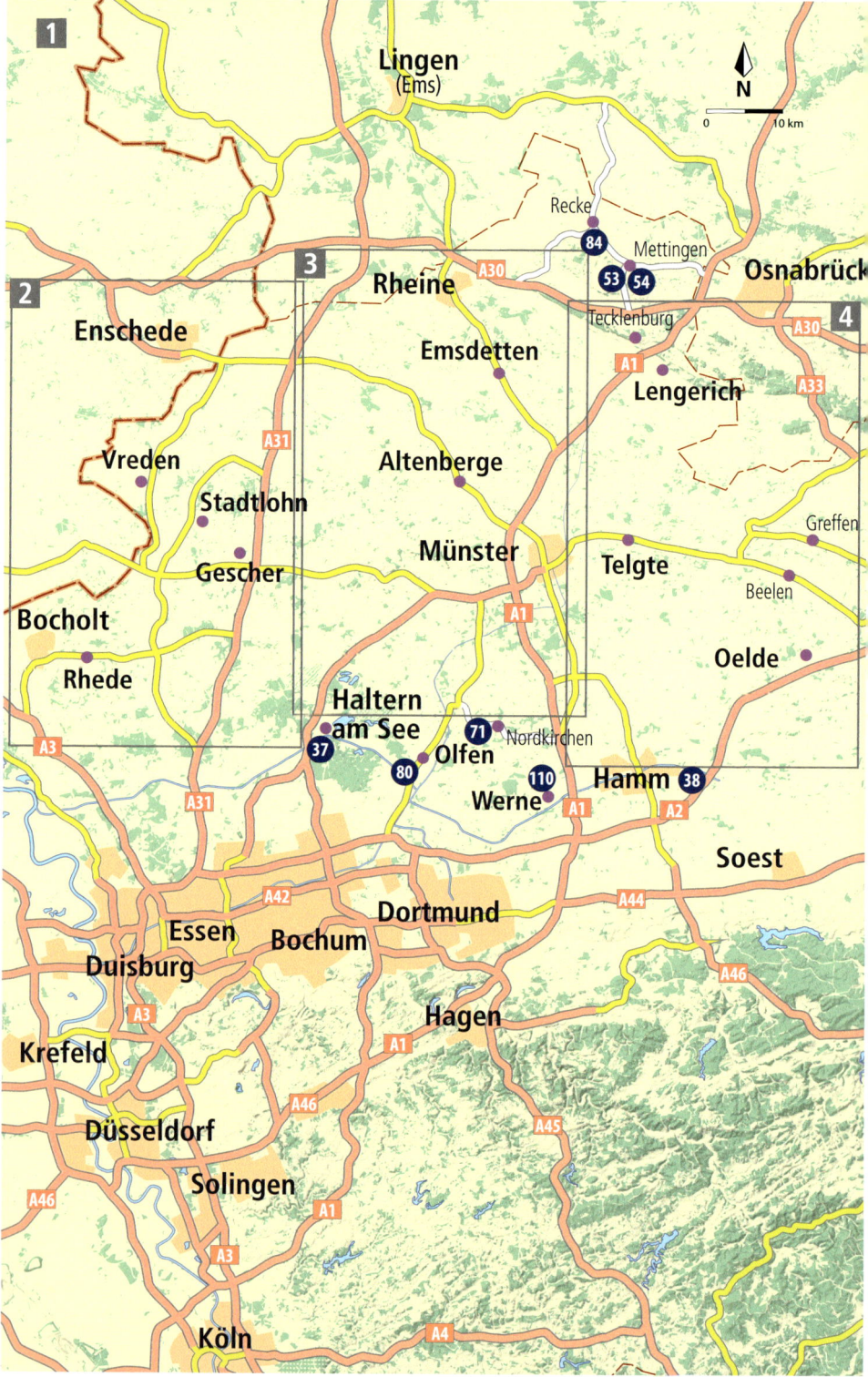

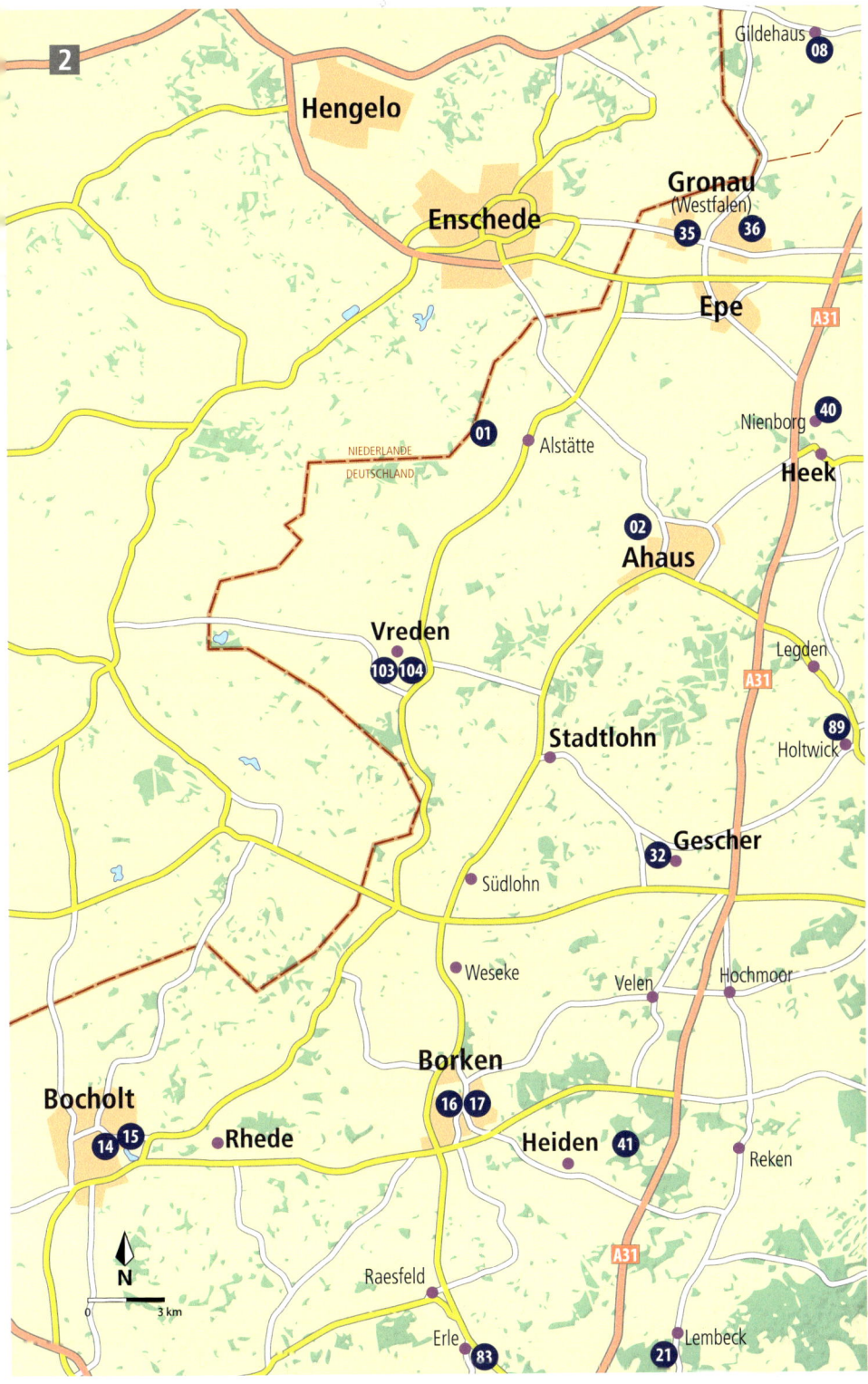

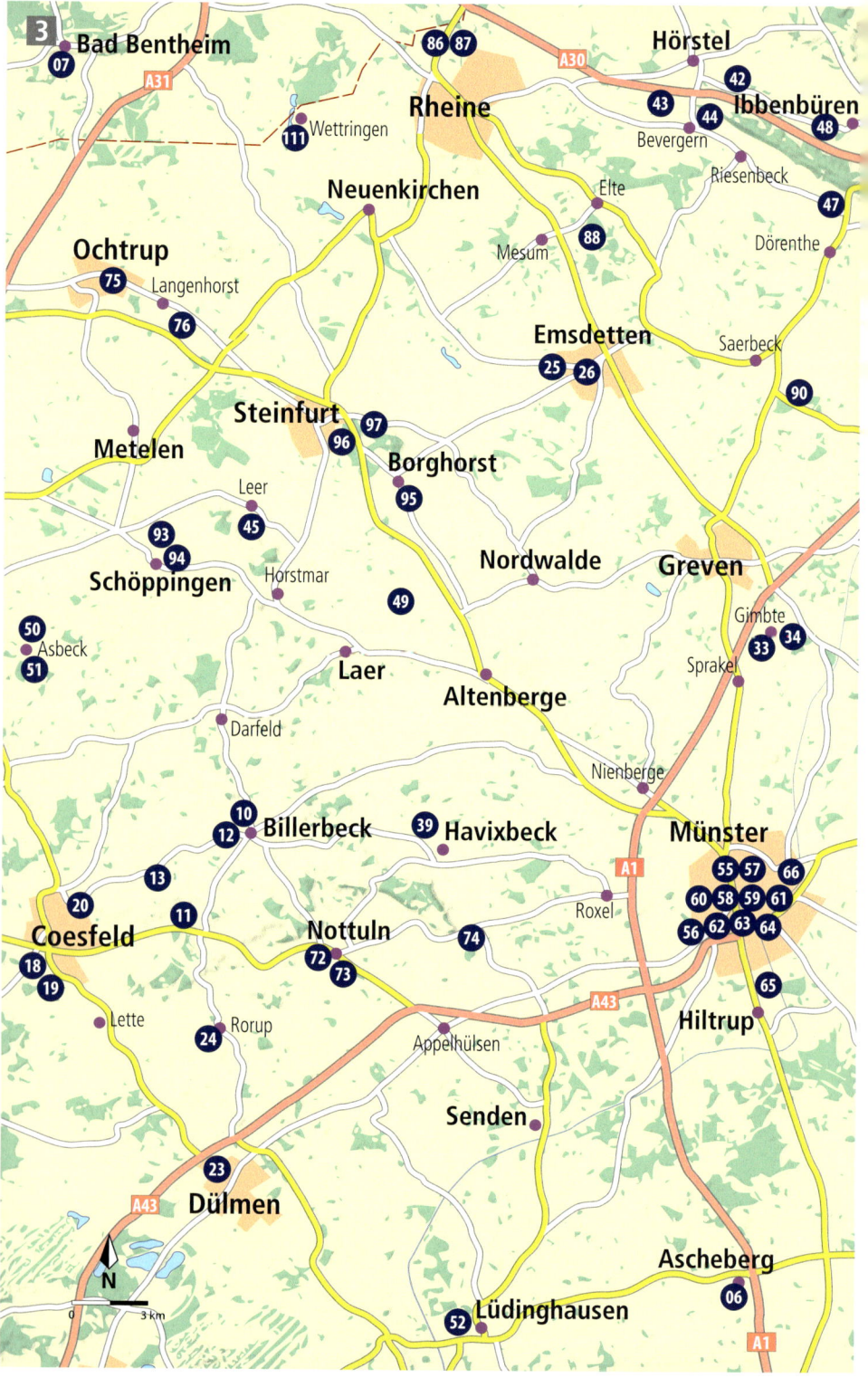

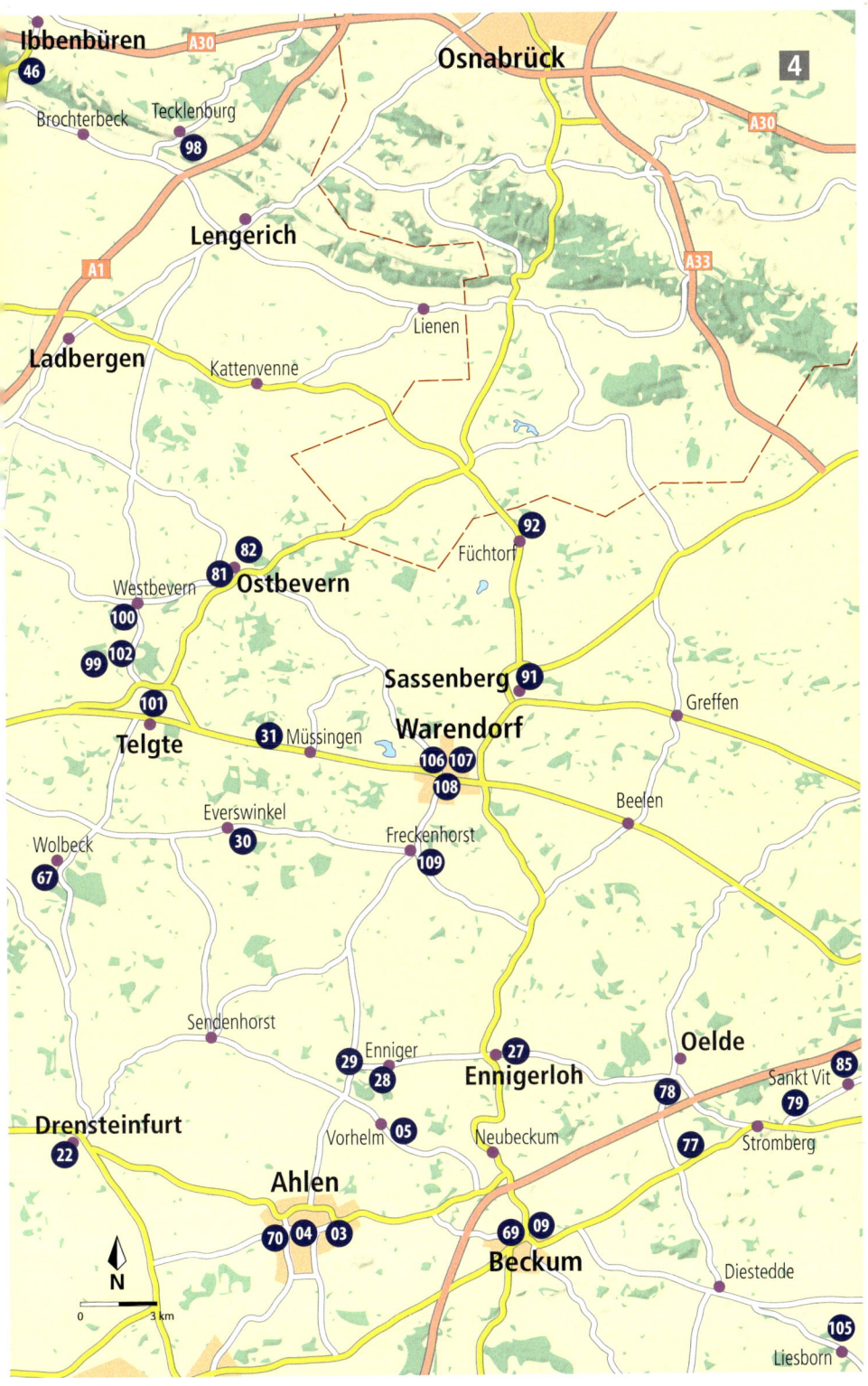

Paul Stänner
**111 Orte in Brandenburg, die
uns Geschichte erzählen**
Mit zahlreichen Fotografien
ISBN 978-3-95451-417-5

Cornelia Kuhnert, Günter Krüger
**111 Orte in Hannover, die
man gesehen haben muss**
ISBN 978-3-7408-1190-7

Cornelia Kuhnert, Günter Krüger
**111 Orte rund um Hannover,
die man gesehen haben muss**
ISBN 978-3-7408-1351-2

Stephanie Katerle
**111 Orte in Paderborn, die
man gesehen haben muss**
ISBN 978-3-7408-0645-3

Axel Klingenberg,
Thomas Hackenberg
**111 Orte im Braunschweiger
Land, die man gesehen
haben muss**
ISBN 978-3-95451-671-1

Fabian Pasalk
**111 Orte in Essen, die man
gesehen haben muss**
ISBN 978-3-95451-924-8

Fabian Pasalk
**111 Orte im Ruhrgebiet, die
man gesehen haben muss**
ISBN 978-3-7408-1310-9

Ralf Koss
**111 Orte in Dortmund, die
man gesehen haben muss**
ISBN 978-3-7408-0649-1

Alexandra Schlennstedt,
Jobst Schlennstedt
**111 Orte in Bielefeld, die man
gesehen haben muss**
ISBN 978-3-7408-0744-3

Rike Wolf
111 Orte in Hamburg, die man gesehen haben muss
ISBN 978-3-7408-0775-7

Alexandra Schlennstedt,
Jobst Schlennstedt
111 Orte in der Lüneburger Heide, die man gesehen haben muss
ISBN 978-3-95451-844-9

Jochen Reiss
111 Orte in und um Göttingen, die man gesehen haben muss
ISBN 978-3-7408-0730-6

Ingo Stock
111 Orte im Teutoburger Wald, die man gesehen haben muss
ISBN 978-3-95451-859-3

Lucia Jay von Seldeneck,
Verena Eidel, Carolin Huder
111 Orte in Berlin, die man gesehen haben muss
ISBN 978-3-7408-1097-9

Lucia Jay von Seldeneck,
Verena Eidel, Carolin Huder
111 Orte in Berlin, die man gesehen haben muss, Band 2
ISBN 978-3-95451-207-2

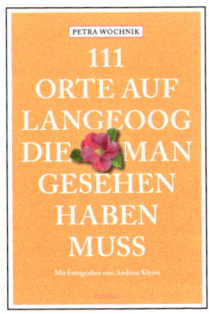

Petra Wochnik, Andreas **Klesse**
111 Orte auf Langeoog, die man gesehen haben muss
ISBN 978-3-7408-0839-6

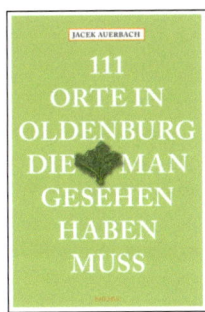

Jacek Auerbach
111 Orte in Oldenburg, die man gesehen haben muss
ISBN 978-3-7408-0249-3

Bernd F. Gruschwitz
111 Orte in Bremen, die man gesehen haben muss
ISBN 978-3-95451-210-2

Ingo Stock
111 Orte auf Spiekeroog, die man gesehen haben muss
ISBN 978-3-7408-0339-1

Manfred Reuter, Lena Reuter
111 Orte auf Norderney, die man gesehen haben muss
ISBN 978-3-7408-0130-4

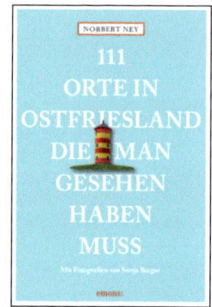

Norbert Ney, Sonja Bergot
111 Orte in Ostfriesland, die man gesehen haben muss
ISBN 978-3-95451-828-9

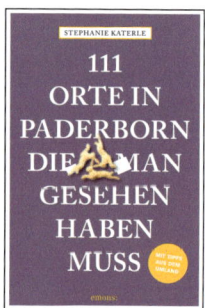

Stephanie Katerle
111 Orte in Paderborn, die man gesehen haben muss
ISBN 978-3-7408-0645-3

Dietmar Hoos, Susanne Hoos
111 Orte in Kassel, die man gesehen haben muss
ISBN 978-3-7408-1188-4

Kirsten Elsner-Schichor
111 Orte im Harz, die man gesehen haben muss
ISBN 978-3-7408-1185-3

Jochen Reiss
111 Orte im Alten Land, die man gesehen haben muss
ISBN 978-3-7408-0810-5

Christine Izeki, Gerald Roemer
111 Orte im Wendland, die man gesehen haben muss
ISBN 978-3-7408-1042-9

Lars M. Vollmering, Tom Tautz
111 Orte in Wolfsburg, die man gesehen haben muss
ISBN 978-3-7408-1094-8

Dorothee Fleischmann,
Carolina Kalvelage
**111 Orte im Weserbergland, die
man gesehen haben muss**
ISBN 978-3-7408-0341-4

Manfred Reuter, Lena Reuter,
Nils Reuter
**111 Orte in Aurich, die
man gesehen haben muss**
ISBN 978-3-7408-0842-6

Alexandra Schlennstedt,
Jobst Schlennstedt
**111 Orte in Lübeck, die
man gesehen haben muss**
ISBN 978-3-95451-564-6

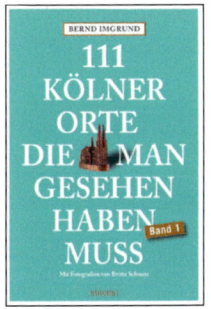

Bernd Imgrund, Britta Schmitz
**111 Kölner Orte, die man
gesehen haben muss**
ISBN 978-3-7408-0801-3

Bernd Imgrund, Britta Schmitz
**111 Kölner Orte, die man
gesehen haben muss, Band 2**
ISBN 978-3-7408-0882-2

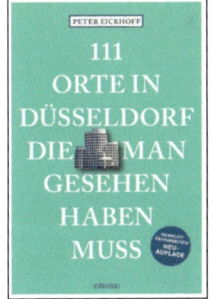

Peter Eickhoff
**111 Orte in Düsseldorf, die
man gesehen haben muss**
ISBN 978-3-7408-0986-7

Lust auf mehr? Laden Sie sich
die »LChoice«-App runter, scannen
Sie den QR-Code und bestellen
Sie weitere Bücher direkt in Ihrer
Buchhandlung.

Hier bestellen

An Birgit Winandy vielen Dank für weitgreifende Recherchen und an Uschi und Dieter vollen Dank für Schinken, Bier und Knabbel.

Gued gaon!

Der Autor

Paul Stänner, Autor und Journalist, ist gebürtiger Münsterländer und dem Land seiner Herkunft wohl in seinem Charakter, auf jeden Fall aber in seiner Liebe zur Landschaft verbunden geblieben. Selbst Regen mag er, wenn er im Münsterland fällt.
Er veröffentlicht regelmäßig Reiseberichte in der FAZ und im Deutschlandradio Kultur, zuletzt einen Beitrag in dem Buch »Dinner for one. Vom Glück, in der Küche eine Verabredung mit sich selbst zu haben« (bloomsbury).

Bildnachweis

Kap. 7 Touristinformation Bad Bentheim; Kap. 14 lwl-industriemuseum m.holtappels/a.hudemann; Kap. 15 lwl-industriemuseum m.holtappels/a.hudemann; Kap. 16 Sternenwarte Borken; Kap. 17 Sternenwarte-Borken; Kap. 18 Freilichtbühne Coesfeld; Kap. 22 Stadt Drensteinfurt; Kap. 26 Wannenmachermuseum; Kap. 27 Lamché; Kap. 39 Sandsteinmuseum Havixbeck; Kap. 47 NaturaGart; Kap. 53 Draiflessen Collection (Henning Rogge); Kap. 64 Montgolfieren Club Gremmendorf e.V.; Kap. 66 LWL/Hanna Neander; Kap. 69 Münsterland e.V.; Kap. 70 Münsterland e.V.; Kap. 78 Potts Brauerei; Kap. 100 Kristin Mantel, NaBu Münsterland; Kap. 104 Schuhhaus Wessels; Kap. 108 Warendorf Marketing; alle übrigen Fotos: Paul Stänner